초등 1~2학년 권장

평생을 살아가는 힘,
문해력을 키워 주세요!

문해력을 가장 잘 아는 EBS가 만든 문해력 시리즈

예비 초등 ~ 중학

문해력을 이루는 핵심 분야별 / 학습 단계별 교재

어휘	쓰기	ERI 독해	배경지식	디지털독해

우리 아이의 **문해력 수준은?**

더욱 효과적인 문해력 학습을 위한
EBS 문해력 진단 테스트

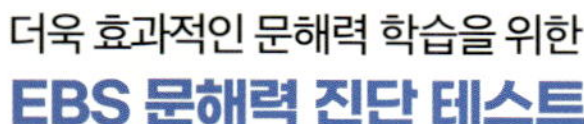

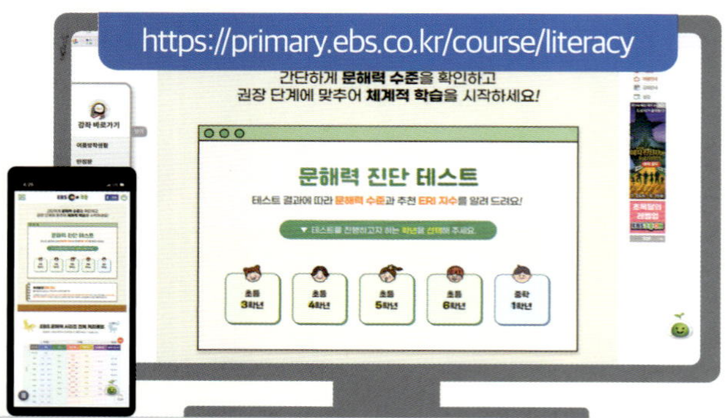

등급으로 확인하는
문해력 수준

문해력 등급 평가
초1 - 중1

어휘가 독해다!

초등 국어 어휘

1단계

초등 1~2학년 권장

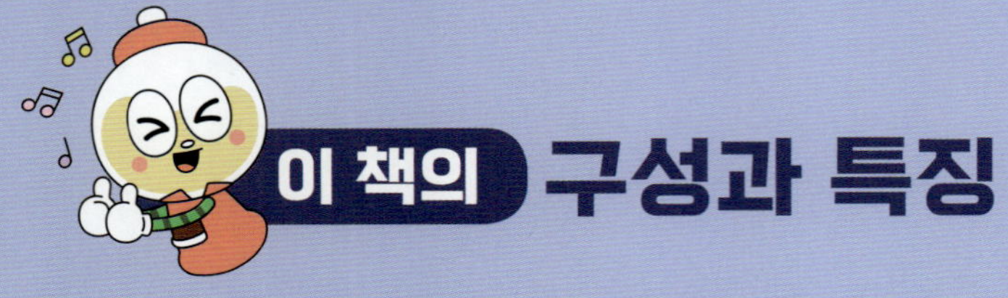

이 책의 구성과 특징

쑥쑥 어휘 실력!!
읽기 잡고 국어 잡고~

· 어휘 공부를 통해 읽기와 국어 공부를 함께할 수 있습니다.
· 초등학교 교과서에 자주 나오는 어휘를 학습할 수 있습니다.
· 쉽고 재미있게 어휘를 공부할 수 있습니다.

어휘 공부를 하기 전에 그림으로 먼저 만나 보아요. 쉽고 재미있게 어휘 공부를 시작할 수 있어요.

초등학교 교과서에 자주 나오는 어휘들을 그림을 통해 공부해 보아요. 비슷한말까지 공부하고 나면 어휘 실력이 한 단계 올라갈 수 있을 거예요.

헷갈리거나 함께 알아 두면 좋은 어휘를 공부할 수 있어요. 문제도 꼭 풀어 보아요.

문항을 통해 배운 어휘를 얼마나 이해했는지 확인해 보아요.

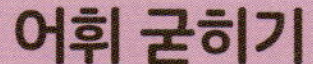

어휘 활용하기

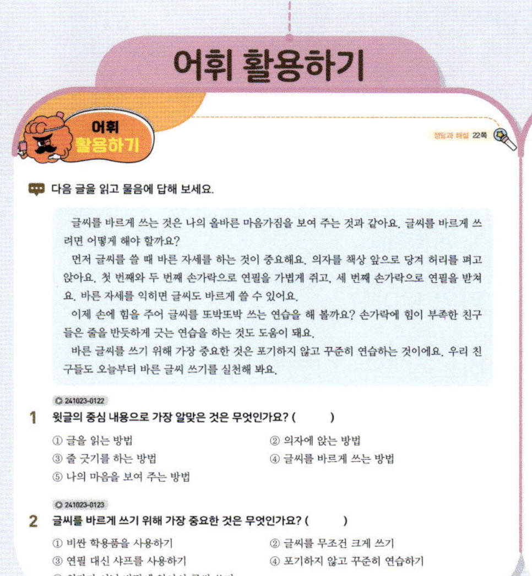

앞에서 배운 어휘가 사용된 지문을 읽고 독해 문제를 풀어 보아요.

어휘 굳히기

5강마다 앞에서 익힌 어휘를 다시 한번 확인하며 복습해 보아요.

앞에서 배운 어휘들이 들어간 문장으로 받아쓰기를 해 보아요. QR 코드를 찍으면 선생님 음성이 나와요.

받아쓰기

정답과 해설

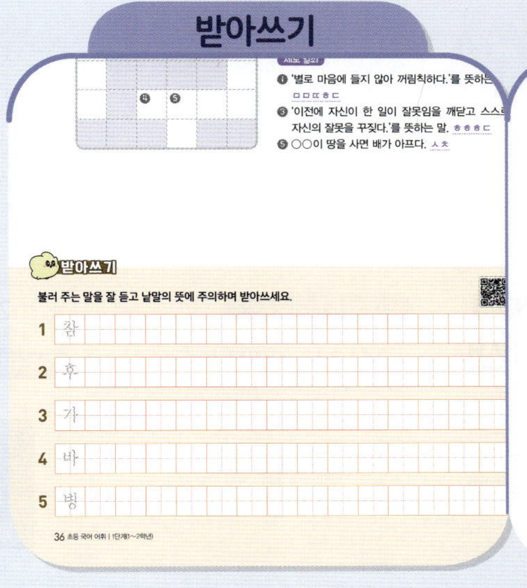

내가 풀어 본 문제들의 해설을 확인해 보아요.

* 본문 뒤쪽에 위치한 학습 진도표에 붙임딱지를 붙여 학습 상황을 한눈에 확인해 보아요.
* EBS 초등사이트에서 어휘 학습 부가 자료 다운로드 제공

차례

인공지능 DANCHOQ 푸리봇 문|제|검|색

EBS 초등사이트와 EBS 초등 APP 하단의 AI 학습도우미 푸리봇을 통해 문항코드를 검색하면 푸리봇이 해당 문제의 해설 강의를 찾아 줍니다.

01강 자음과 모음에 대해 알아보아요

재미로 풀어 보는 퀴즈

소금을 가장 비싸게 파는 방법은?

답은 ➔ '소'( )와 '금'( )으로 나누어 파는 것이죠.

'소금'이라는 낱말은 '소'와 '금'이라는 글자로 나눌 수 있습니다. '소'는 다시 'ㅅ'과 'ㅗ'로, '금'은 다시 'ㄱ', 'ㅡ', 'ㅁ'으로 나눌 수 있습니다. 이처럼 낱말은 자음과 모음으로 이루어져 있어요. 낱말 공부를 시작하면서 무엇보다 자음과 모음에 대해 먼저 아는 것이 중요해요.

우리말에는 19개의 자음과 21개의 모음이 있어요. 모두 합해 40개의 자음과 모음으로 어떤 소리든지 다 적을 수 있답니다.

출석부에 일정한 순서대로 이름이 적혀 있듯이 자음과 모음도 순서가 정해져 있어요. 국어사전에서 낱말을 찾기 위해서는 자음과 모음의 순서를 잘 알고 있어야 해요.

먼저 아래에 있는 자음의 이름을 순서대로 정확히 읽어 보고, 해당 자음으로 시작하는 낱말을 2개씩 적어 보세요.

ㄱ	기역 기차, 가수	ㄲ	쌍기역 까치,	ㄴ	니은 노래,
ㄷ	디귿	ㄸ	쌍디귿	ㄹ	리을 라면,
ㅁ	미음 머리,	ㅂ	비읍	ㅃ	쌍비읍
ㅅ	시옷	ㅆ	쌍시옷 싸움,	ㅇ	이응 이름,
ㅈ	지읒	ㅉ	쌍지읒	ㅊ	치읓
ㅋ	키읔 코,	ㅌ	티읕	ㅍ	피읖 파도,
ㅎ	히읗				

모음은 소리 나는 것이 곧 이름이 됩니다.

　자음은 모음이 있어야만 소리를 낼 수 있지만, 모음은 혼자서 소리를 낼 수 있어요. 그래서 모음을 순우리말로 '홀소리'라고 해요. 모음은 모든 글자를 만들 때 하나씩 반드시 들어가야 해요. '과자'의 '과'에는 'ㅗ'와 'ㅏ' 두 개의 모음이 쓰인 게 아니라 '과'라는 하나의 모음이 쓰인 거랍니다.

　모음에도 순서가 있는데요, 그 순서는 아래와 같아요. 이름을 부르면서 따라 쓰세요. 그리고 빈칸에는 해당 모음으로 시작하는 낱말을 하나씩 써 보세요.

ㅏ	ㅐ	ㅑ	ㅒ	ㅓ
아침			얘기	

ㅔ	ㅕ	ㅖ	ㅗ	ㅘ
에너지				

ㅙ	ㅚ	ㅛ	ㅜ	ㅝ	ㅞ
					웨딩

ㅟ	ㅠ	ㅡ	ㅢ	ㅣ

1~2 자음의 이름을 말한 것으로 바르지 <u>않은</u> 것을 고르세요.

▶ 241023-0001

1 ① ㄱ – 기역 ② ㄹ – 리을

③ ㅅ – 시옷 ④ ㅋ – 키역

▶ 241023-0002

2 ① ㄴ – 니은 ② ㄷ – 디귿

③ ㅉ – 쌍지읒 ④ ㅎ – 히응

3~4 다음 낱말 중, 국어사전에서 가장 먼저 나오는 것은 무엇인지 고르세요.

▶ 241023-0003

3

① 자전거  ② 기차 

③ 배  ④ 비행기 

▶ 241023-0004

4

① 고양이  ② 기러기 

③ 강아지  ④ 거위 

5~6 친구와 함께 끝말잇기 놀이를 하고 있어요. ㉠~㉢에 들어가기에 알맞은 낱말을 넣어 보세요.

▶ 241023-0005

5

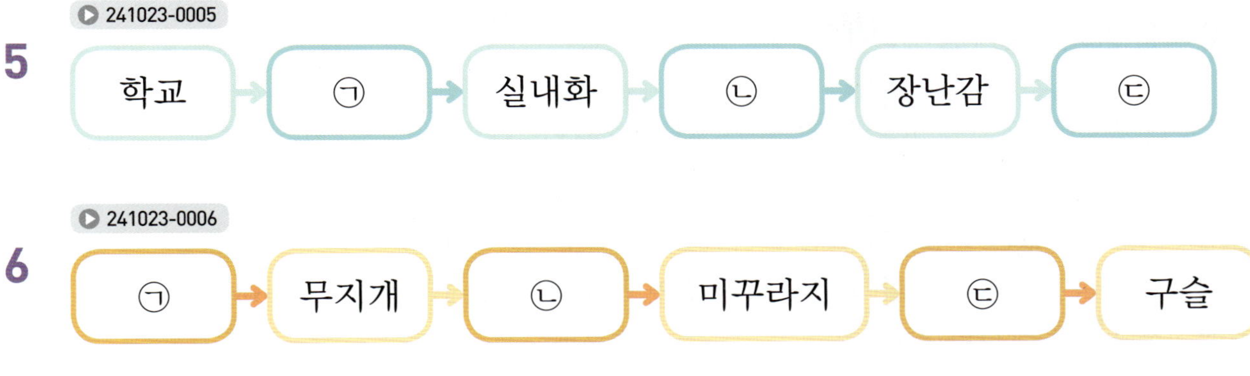

| 학교 | → | ㉠ | → | 실내화 | → | ㉡ | → | 장난감 | → | ㉢ |

▶ 241023-0006

6

| ㉠ | → | 무지개 | → | ㉡ | → | 미꾸라지 | → | ㉢ | → | 구슬 |

▶ 241023-0007

7 왼쪽 게시판에 있는 글자 카드에서 글자를 골라서 낱말을 만들어 오른쪽 게시판에 적어 보세요.

내가 만든 낱말의 개수는?			
10개 이상	6~9개	2~5개	1개 이하
우와~ 대단해요!	잘했어요!	조금만 더 아자, 아자!!	충분히 잘할 수 있어요.

정답과 해설 2쪽

💬 다음 글을 읽고 물음에 답해 보세요.

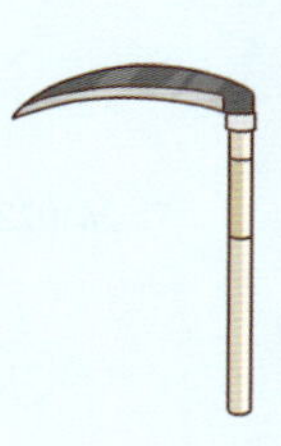

　　우리 속담에 ㉠'낫 놓고 기역 자도 모른다'라는 말이 있어요. 낫은 농사를 짓는 데 쓰는 도구예요. 낫은 오래전부터 곡식이나 풀을 베는 데 쓰였어요. 낫의 모양을 보면 옆에 있는 그림처럼 한글의 자음자인 'ㄱ'과 비슷하게 생겼어요. 그러니까 이 속담은 'ㄱ'과 비슷한 모양의 낫을 앞에 두고도 기역 자를 모를 만큼 매우 무식하다는 뜻을 나타내요.

241023-0008

1 ㉠과 관련 있는 '낫'의 특징으로 가장 알맞은 것은 무엇인가요? (　　　　)

① 낫의 뜻　　　　　② 낫의 두께　　　　　③ 낫의 크기
④ 낫의 쓰임새　　　⑤ 낫의 생김새

241023-0009

2 다음 자음자와 모음자를 보고 떠오르는 물건을 그림으로 그려 보세요.

ㅅ　　　　　ㅇ　　　　　ㅗ　　　　　ㅣ

어휘 펼치기　**아 해 다르고 어 해 다르다** 같은 내용의 이야기라도 어떻게 말하느냐에 따라 다르다.

　　말 때문에 친구 사이에 다툼이 일어나는 일이 많아요. 친구의 기분을 헤아리지 않고 함부로 말을 하면 친구의 기분을 나쁘게 할 수 있어요. 그러면 그 친구는 더 심한 말을 하게 되고, 결국 사이가 나빠질 거예요. 반대로 다정한 말은 친구 사이를 무척 좋게 해 준답니다.

02강 학교를 다녀온 내 마음은?

그림으로 생각해 봐요

학교를 마치고 집에 오는 길에 나의 표정은 어땠나요?
머리 모양과 표정을 골라 그림을 완성해 보세요.

아래에 있는 낱말들 중에서 그 뜻을 잘 알고 있는 낱말에 ✔표를 하세요.

☐ 뿌듯하다　　☐ 얼떨떨하다　　☐ 흐뭇하다

☐ 고달프다　　☐ 머쓱하다　　☐ 서먹하다

뿌듯하다

기쁨이 마음에 가득하다.

비슷한말 벅차다

얼떨떨하다

뜻밖의 일에 놀라 어떻게 해야 할지를 모르다.

비슷한말 어리둥절하다

흐뭇하다

마음에 들어 매우 만족스럽다.

비슷한말 흡족하다

고달프다

몸이나 처지 또는 하는 일이 몹시 힘들고 어렵다.

비슷한말 피곤하다, 고단하다

머쓱하다

얼굴을 들지 못할 만큼 수줍거나 창피하거나 흥이 꺾여 어색하고 부끄럽다.

서먹하다

익숙하거나 친하지 아니하여 어색하다.

비슷한말 서먹서먹하다

어휘 더하기

'반듯이'와 '반드시'

'반듯이'와 '반드시'는 읽을 때 같은 소리가 나는 말이에요. 하지만 비뚤비뚤하지 않고 선을 곧게 그어야 할 때는 '반듯이', 잊지 않고 선을 꼭 그어야 할 때는 '반드시'라고 해야 합니다.

💬 **다음 괄호 안에서 알맞은 낱말을 찾아 ○표 하세요.**

1 못 본 사이에 (반드시, 반듯이) 컸구나!

2 작은 문에 들어갈 때에 (반드시, 반듯이) 허리를 굽혀야 해.

▶ 241023-0010

1 다음 낱말의 뜻은 무엇인가요? 낱말을 따라 쓰고, 바르게 설명한 것을 찾아 ○표 하세요.

1 뿌듯하다 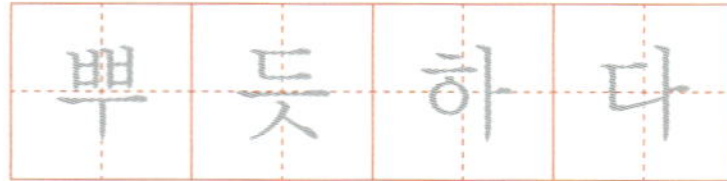

① 기쁨이 마음에 가득하다.
② 뜻밖의 일에 놀라 어떻게 해야 할지를 모르다.

2 흐뭇하다 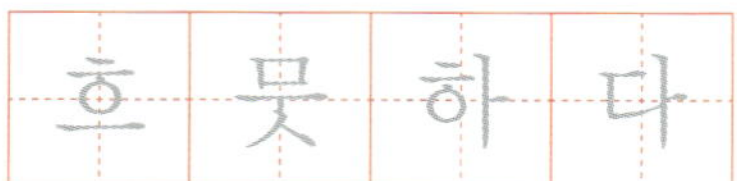

① 마음에 들어 매우 만족스럽다.
② 몸이나 처지 또는 하는 일이 몹시 힘들고 어렵다.

3 머쓱하다 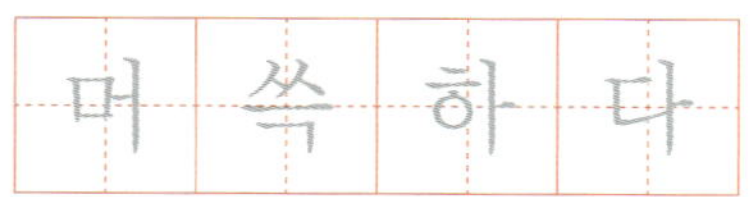

① 익숙하거나 친하지 아니하여 어색하다.
② 얼굴을 들지 못할 만큼 수줍거나 창피하거나 흥이 꺾여 어색하고 부끄럽다.

▶ 241023-0011

2 다음 문장의 밑줄 친 낱말을 알맞게 표현한 그림을 찾아 ○표 하세요.

1 서영이는 하루 종일 청소를 했어요. <u>고달픈</u> 하루였답니다.

① 　② 　③ 

2 채아는 새로운 친구와 짝꿍이 되어 <u>서먹했어요.</u>

① 　② 　③ 

241023-0012

3 빈칸에 들어갈 말은 '반드시'일까요, '반듯이'일까요? 빈칸에 알맞은 말을 써 보세요.

1 채은: 내일 옆 반과 축구 시합에서 꼭 이겨야 돼!

채원: 맞아! 이번에는 □□□ 이기자!

2 엄마: 종이를 한번 □□□ 잘라 볼까?

태서: 으으. 생각대로 안 되고, 삐뚤빼뚤해.

241023-0013

4 사다리를 타고 가서 초성 힌트를 보고, 비슷한 뜻을 가진 낱말을 써 보세요.

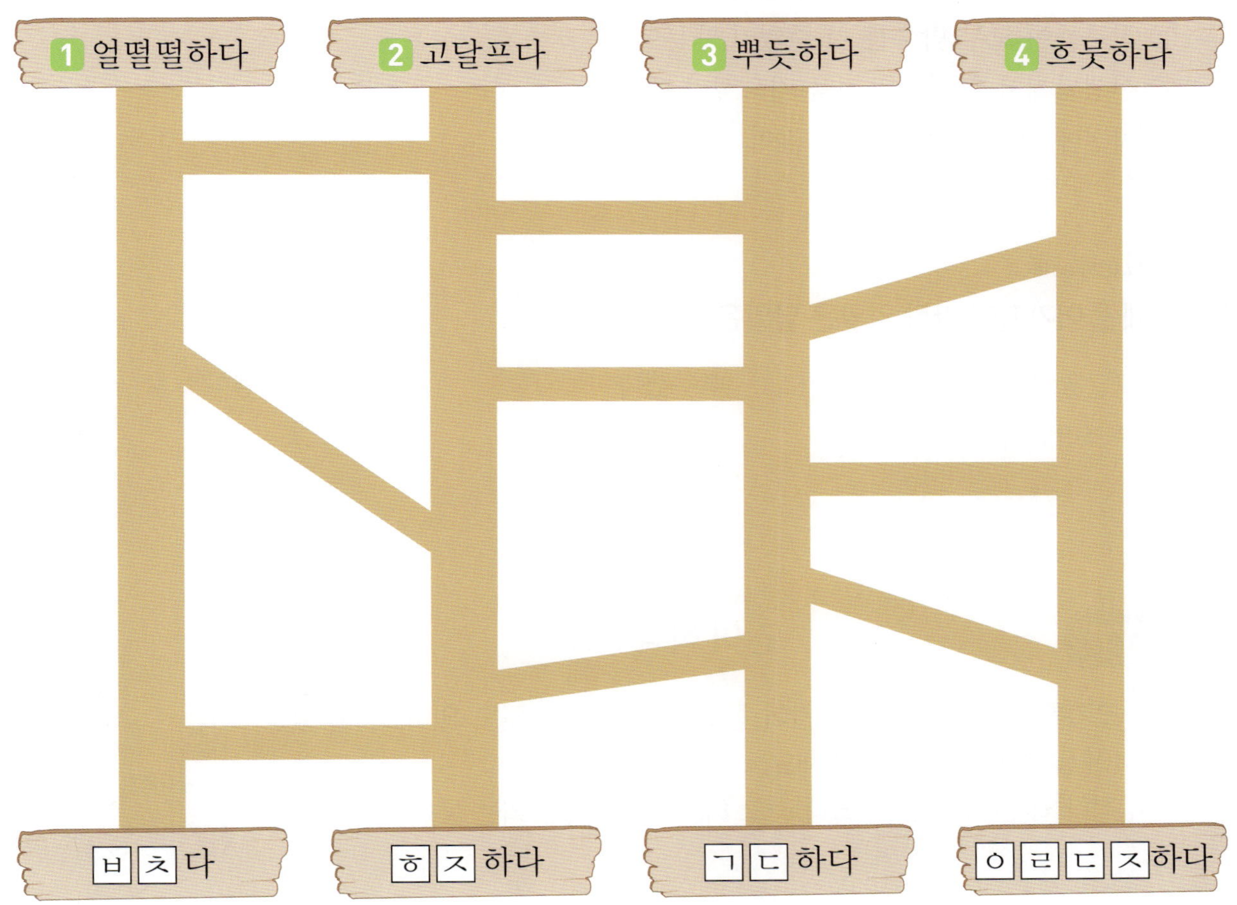

정답과 해설 3쪽

💬 **다음 글을 읽고 물음에 답해 보세요.**

> 202○년 3월 ○일 ○요일 　　　　　　　　　날씨: 맑음
>
> 오늘 수업 시간에 발표를 하였다. 발표는 처음이라 겁이 났다.
> 아직 서먹한 친구들 앞에서 발표하려고 하니 말이 잘 나오지 않았다.
> 그런데 짝꿍인 소희가 손뼉을 치며 응원해 주었다.
> 조금 얼떨떨했지만 소희의 박수 덕분에 용기를 내어 발표를 끝낼 수 있었다.
> 발표가 끝나자 선생님께서 흐뭇한 표정을 지으시며 박수를 쳐 주셨다.
> 친구들도 모두 박수를 쳐 주었다.
> 박수 소리를 들으니 무척 기분이 좋아져 (　　　⊙　　　).

▶ 241023-0014

1 **글쓴이가 용기를 내어 발표를 잘할 수 있게 된 까닭은 무엇인가요? (　　　)**

① 친구들과 아직 서먹한 사이였기 때문에
② 짝꿍인 소희가 응원을 해 주었기 때문에
③ 친구들이 모두 박수를 쳐 주었기 때문에
④ 선생님께서 흐뭇한 표정을 지으셨기 때문에
⑤ 이전에 발표를 해 본 적이 많이 있기 때문에

▶ 241023-0015

2 **⊙에 들어가기에 가장 알맞은 낱말은 무엇인가요? (　　　)**

① 고달팠다　　　　　② 뿌듯했다　　　　　③ 머쓱했다
④ 부끄러웠다　　　　⑤ 어리둥절했다

어휘 펼치기　　　　　**간이 작다** 겁이 많다.

간의 크기를 작은 콩에 빗댄 '간이 콩알만 하다'라는 말도 있어요. 이 말은 '매우 겁이 많고 소심하다.'를 뜻해요.
　'간이 작다'와 반대로 '간이 크다'라고 하면 '겁이 없다.'라는 뜻이 됩니다.

03강 친구를 보는 내 마음은?

그림으로 생각해 봐요

아래 그림에서 <u>다른</u> 부분을 찾아보아요.

아래에 있는 낱말들 중에서 그림 속 아이들의 표정을 나타낸 낱말을 모두 골라 ✓표를 하세요.

- [ ] 함박웃음
- [ ] 샘
- [ ] 못마땅하다
- [ ] 안타깝다
- [ ] 가엾다
- [ ] 후회하다

함박웃음

크고 밝게 웃는 웃음.

샘

남의 것을 탐내거나, 자기보다 형편이 나은 사람을 부러워하거나 싫어하는 일. 또는 그런 마음.

비슷한말 질투

못마땅하다

마음에 들지 않아 좋지 않다.

비슷한말 불만스럽다

반대말 마땅하다

안타깝다

뜻대로 되지 않거나 보기에 불쌍해서 가슴이 아프고 답답하다.

비슷한말 딱하다

가엾다 

마음이 아플 정도로 불쌍하다.

같은 말 가엽다

후회하다

이전에 자신이 한 일이 잘못임을 깨닫고 스스로 자신의 잘못을 꾸짖다.

비슷한말 뉘우치다

어휘 더하기

'으뜸'과 '버금'

으뜸
1. 여럿 가운데 가장 뛰어나거나 순서에서 첫째가 되는 것.
2. 어떤 일에서 가장 중요하거나 기본이 되는 것.

버금 으뜸의 바로 아래. 또는 그런 지위에 있는 사람이나 물건.

'으뜸'과 '버금'은 순서를 나타내는 순우리말이에요. 여럿 가운데 첫째인 것을 '으뜸', 그다음 것을 '버금'이라고 해요.

'으뜸가다', '버금가다'라는 말도 들어 봤나요? '으뜸가다'는 '으뜸이 되다.', '버금가다'는 '버금이 되다.'라는 뜻의 말이랍니다.

💬 **다음 괄호 안에서 알맞은 낱말을 찾아 ○표 하세요.**

1 팔씨름을 하면 항상 이기는 지연이의 힘이 우리 반에서 (으뜸, 버금)이야.

2 희서가 두 번째로 키가 크니, 희서의 키가 우리 반에서 (으뜸, 버금)이야.

어휘 다지기

241023-0016

1 ㉠~㉣ 중 주어진 낱말이 들어갈 곳을 찾아 선으로 이어 보세요. 그리고 빈칸에 낱말을 따라 써 보세요.

1 함박웃음 •

2 못마땅해 •

3 가엾지도 •

4 후회해요 •

㉠ 사진 찍을 때 [　　　　　]을 지으니까 참 예쁘게 나와!

㉡ 도망가는 개미가 [　　　　　] 않나요?

㉢ 나는 오늘 늦잠 잔 것을 [　　　　].

㉣ 자꾸 내게 장난치는 것이 영 [　　　　].

241023-0017

2 빈칸 속 초성을 참고해서 주어진 낱말과 뜻이 같거나 비슷한말을 써 보세요.

1

 샘

 ㅈ | ㅌ

2

안타깝다

 ㄸ | ㅎ | ㄷ

3

가엾다

ㄱ | ㅇ | ㄷ

241023-0018

3 다음 글에서 누가 '으뜸'이고, 누가 '버금'인지 빈칸에 써 보세요.

제기차기 결승전에서 재준이와 건우가 대결했어요. 재준이는 10번 찼고, 건우는 8번 찼어요.

241023-0019

4 우리 반 친구들이 축구 시합을 해요. 대화에 어울리는 얼굴 표정의 붙임 딱지를 찾아 붙여 주세요.

붙임 딱지 1 활용

어휘 활용하기

💬 **다음 글을 읽고 물음에 답해 보세요.**

> 지수는 동시 짓기 대회에서 버금상을 받았어요. 그런데 ㉠기분이 별로 좋지 않았어요. 자기보다 못 썼다고 생각한 준우가 으뜸상을 받았거든요. 지수는 샘이 났어요. 친구들이 모두 준우만 축하해 주는 것 같았거든요. 그래서 지수는 눈물이 났어요. 이런 지수를 안타까운 표정으로 보시던 선생님께서 지수를 따로 불렀어요. 선생님께서는 지수를 위로해 주시면서 "친구를 축하해 주는 것은 지는 게 아니라, 함께 성장하는 거야."라고 말씀해 주셨어요. ㉡선생님의 말씀을 듣고 난 후 지수는 얼굴이 빨개졌어요. 그리고 준우를 찾아가 진심으로 축하해 주었어요. 준우도 지수를 축하해 주었고, 둘은 함께 함박웃음을 지었어요.

▶ 241023-0020

1 ㉠과 바꿔 쓸 수 있는 낱말은 무엇인가요? ( )

① 부러웠어요.   ② 불안했어요.   ③ 부끄러웠어요.
④ 못마땅했어요.   ⑤ 조마조마했어요.

▶ 241023-0021

2 ㉡에서 지수의 얼굴이 빨개진 까닭은 무엇인가요? ( )

① 준우를 가엾게 여겨서   ② 자신의 행동을 후회해서
③ 선생님이 원망스러워서   ④ 친구들을 용서하고 싶어서
⑤ 자신이 쓴 동시가 자랑스러워서

어휘 펼치기   **사촌이 땅을 사면 배가 아프다** 남이 잘되는 것을 기뻐해 주지는 않고 오히려 질투하고 시기하다.

'사촌'은 무척 가까운 친척이에요. '배가 아프다'는 남이 잘되는 것에 심술을 내고 속상해하는 것을 뜻해요.
축하와 칭찬을 아끼지 마세요. 그 축하와 칭찬의 말들이 언젠가는 고스란히 자신에게 돌아오니까요.

나들이를 다녀왔어요

아래 낱말 중 강아지를 만졌을 때의 느낌을 표현한 낱말을 모두 골라 ✓표를 하세요.

- ☐ 산들산들하다
- ☐ 몽실몽실하다
- ☐ 만질만질하다
- ☐ 찐득찐득하다
- ☐ 부들부들하다
- ☐ 푹신푹신하다

산들산들하다

바람이 시원하고 부드럽게 연달아 불다.

비슷한말 산들거리다

몽실몽실하다

1. 통통하게 살이 쪄서 매우 부드럽고 매끄러운 느낌이 있다.
2. 구름이나 연기 등이 동글하게 뭉쳐서 가볍게 떠 있거나 떠오르는 듯하다.

비슷한말 몽글몽글하다

만질만질하다

만지거나 주무르기 좋게 연하고 부드럽다.

찐득찐득하다

1. 눅눅하고 끈기가 있어 끈적끈적하게 자꾸 달라붙다.
2. 질겨서 잘 끊어지지 않다.

비슷한말 찐득하다, 진득진득하다

부들부들하다

1. 살갗에 닿는 느낌이 매우 부드럽다.
2. 몸이 자꾸 크게 부르르 떨리다.

비슷한말 보드레하다

푹신푹신하다

매우 푸근하게 부드럽고 탄력이 있다.

비슷한말 폭신폭신하다

어휘 더하기

'갔다'와 '같다'

우리는 서점에 <u>갔다</u>.

갔다: 한 곳에서 다른 곳으로 장소를 이동하다.

우리는 이름이 <u>같다</u>.

같다: 서로 다르지 않다.

'갔다'와 '같다'는 말할 때 나는 소리는 같지만 뜻이 다른 낱말이에요. '가다'가 바뀐 말인 '갔다'는 어딘가로 이동했을 때 쓰는 말이에요. 반면 '같다'는 두 대상에 차이가 없을 때 쓰는 말이에요.

💬 다음 빈칸에 '갔다'와 '같다' 중 알맞은 낱말을 쓰세요.

1 우리는 작년에 제주도에 　　　　.　　　**2** 우리는 생일이 　　　　.

▶ 241023-0022

1 그림일기를 읽고, 주어진 초성을 참고해서 빈칸에 알맞은 낱말을 써 보세요.

○월 ○일 ○요일	날씨: 맑음

제목 : '상자 속 물건 맞히기' 놀이

	학	교	에	서		물	건		맞
히	기		놀	이	를		했	다	.
준	희	는	**1** ㅂ	ㄷ	ㅂ	ㄷ		한	
토	끼		인	형	,	찬	빈	이	는
2 ㅁ	ㅈ	ㅁ	ㅈ	한		고	무	찰	흙
이	었	다	.	그	런	데		나	는
뭔	가		**3** ㅉ	ㄷ	ㅉ	ㄷ	한		게
만	져	졌	다	.	으	악	,	나	는
왜		액	체		괴	물	이	야	!

241023-0023

2 빈칸에 들어갈 말은 '갔지'일까요, '같지'일까요? 빈칸에 알맞은 말을 써 보세요.

241023-0024

3 다음 만화를 보고, 빈칸에 알맞은 낱말을 <보기>에서 찾아 쓰세요.

보기

| 몽실몽실 | 산들산들 | 푹신푹신 |

💬 **다음 글을 읽고 물음에 답해 보세요.**

> 윤호는 지난 주말에 부모님과 함께 시골에 있는 할머니 댁에 놀러 갔어요. 집 앞에 다다르자 삽살개가 뛰어나와 반겨 주었어요. 윤호는 할머니께 인사를 드리고 삽살개와 동네를 산책하러 나갔어요. 그런데 얼마 못 가 소나기가 내려서 아버지와 함께 냇가에 가서 하기로 했던 고기잡이는 할 수 없었어요. 저녁에는 할머니와 함께 수제비를 만들어 먹었어요. 수제비는 밀가루를 만질만질하게 반죽해서 조금씩 떼어 냄비에 넣으면 되는데, 윤호가 반죽한 밀가루는 (　　㉠　　) 손에 붙어서 잘 떨어지지 않았어요. 밤에는 할머니께서 들려주시는 옛날이야기를 들으며 달콤한 잠을 잤어요.

▶ 241023-0025

1 윤호가 지난 주말에 경험한 일이 <u>아닌</u> 것은 무엇인가요? (　　　)

① 아버지와 어머니를 따라 시골에 갔다.
② 삽살개를 데리고 동네 산책을 하였다.
③ 아버지와 함께 냇가에서 고기를 잡았다.
④ 할머니를 도와 수제비를 만들어 먹었다.
⑤ 할머니께서 들려주시는 옛날이야기를 들었다.

▶ 241023-0026

2 ㉠에 들어가기에 가장 알맞은 낱말은 무엇인가요? (　　　)

① 쫄깃쫄깃　　　② 폭신폭신　　　③ 치렁치렁　　　④ 말랑말랑　　　⑤ 찐득찐득

어휘 펼치기　　　　**뜬구름 잡다** 확실하지 않거나 헛된 것을 좇다.

구름은 하늘 높이 떠 있어서 손으로 잡을 수가 없어요. 아무리 발버둥을 치더라도 구름은 못 잡아요. 자신이 하고 싶은 일이 있다면, 먼저 내가 노력해서 해낼 수 있는 것부터 목표를 세우고 차근차근 이루어 나가는 게 좋아요.

05강 공부는 이렇게 해요

공부하면서 많이 사용하는 낱말의 뜻을 알아보아요.

💬 아래에 있는 낱말들 중에서 그 뜻을 잘 알고 있는 낱말에 ✔표를 하세요.

☐ 설명하다	☐ 정리하다	☐ 조사하다
☐ 해결하다	☐ 어림하다	☐ 다듬다

설명하다

어떤 것을 알기 쉽게 풀어 말하다.

비슷한말 풀이하다

정리하다

1. 흐트러지거나 어수선한 상태에 있는 것을 한데 모으거나 치우다.

비슷한말 정돈하다   반대말 어지럽히다

2. 종류에 따라 나누거나 모으다.

조사하다

어떤 일이나 사물의 내용을 알기 위하여 자세히 살펴보거나 찾아보다.

해결하다

사건이나 일, 문제 등을 잘 처리해 끝을 내다.

비슷한말 풀다, 해내다

어림하다

짐작하여 대강 헤아리다.

비슷한말 짐작하다

다듬다

글이나 문장을 바르고 짜임새 있게 고치다.

비슷한말 고치다, 가다듬다

어휘 더하기

문장 부호는 문장을 읽고 이해하기 쉽도록 쓰는 표시입니다.

마침표　　쉼표

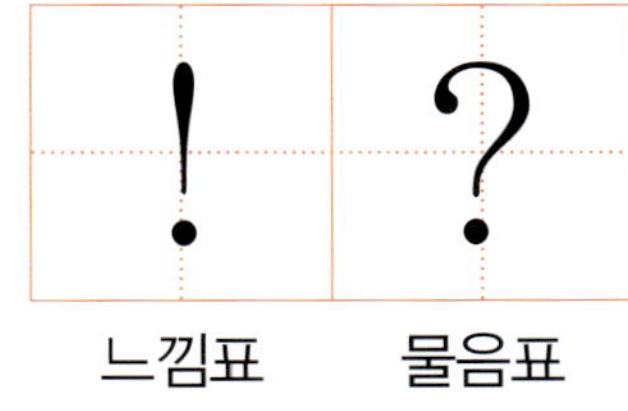

느낌표　　물음표

문장 부호

- **마침표**: 문장이 끝날 때 쓰는 표시.
- **쉼표**: 문장의 중간이나 낱말과 낱말 사이에 쓰는 표시.
- **느낌표**: 느낌을 나타내는 문장 끝에 쓰는 표시.
- **물음표**: 물어보는 문장의 끝에 쓰는 표시.

💬 **알맞은 문장 부호를 넣어 보세요.**

1 나는 오늘 학교에 간다

2 민정아, 오늘 학교는 재미있었니

3 어느 날 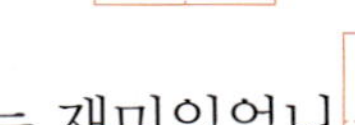 호랑이가 나타났어요.

4 정말 아름답구나 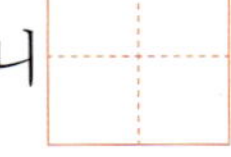

241023-0027

1 그림일기를 읽고, 초성을 참고하여 빈칸에 들어갈 알맞은 말을 <보기>에서 찾아 쓰세요.

<보기>

설명	어림	조사	해결

○월 ○일 ○요일	날씨: 맑음

제목 : 학교에서 한 일

	국	어		시	간	에		글	을
다	듬	었	다	.	여	름	에		대
해		2 ㅈ	ㅅ	한		내	용	을	
정	리	해		고	쳐		썼	다	.

241023-0028

2 다음 밑줄 친 낱말과 같은 뜻을 가진 낱말을 <보기>에서 찾아 쓰세요.

<보기>

다듬다	간추리다	어림하다	해결하다

1 어색한 부분을 조금만 <u>고치면</u> 더 좋은 글이 될 거야! → (   )

2 상자에 담긴 바둑알을 <u>대강 세어 봐야지</u>. → (   )

241023-0029

3 다음 빈칸에 공통으로 들어갈 말을 <보기>에서 찾아 써 보세요.

보기

| 어림 | 정리 | 짐작 | 풀이 |

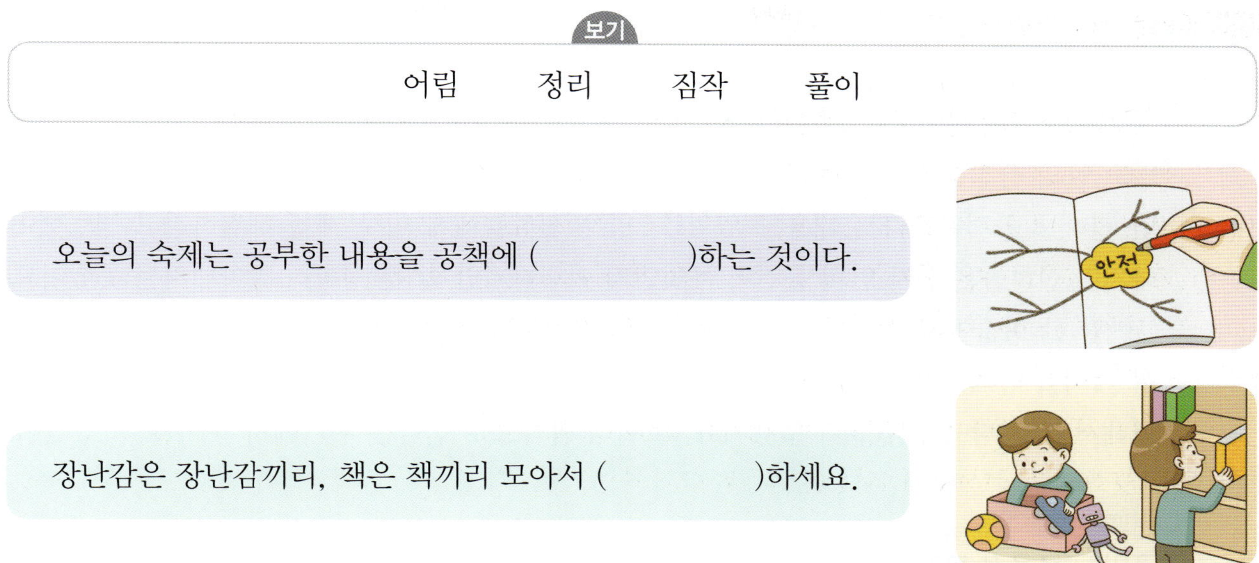

오늘의 숙제는 공부한 내용을 공책에 (   )하는 것이다.

장난감은 장난감끼리, 책은 책끼리 모아서 (   )하세요.

241023-0030

4 왼쪽 빈칸에 알맞은 낱말을 <보기>에서 찾아 써 보세요.

① 어떤 것을 알기 쉽게 풀어 말하다.
② 글이나 문장을 바르고 짜임새 있게 고치다.
③ 사건이나 일, 문제 등을 잘 처리해 끝을 내다.
④ 짐작하여 대강 헤아리다.

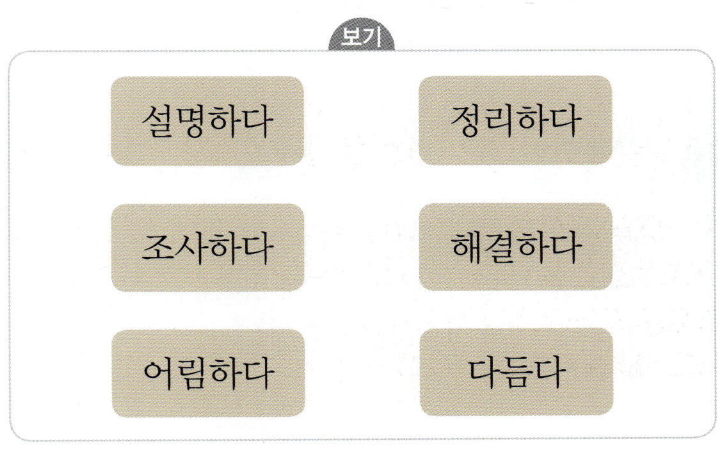

💬 **다음 글을 읽고 물음에 답해 보세요.**

> 옛날 중국의 왕이 신라의 왕에게 돌로 된 상자와 편지를 보내왔어요. 편지에는 상자를 열지 말고 안의 물건을 알아내어 시를 지어 바치라는 내용이 씌어 있었어요. 만일 그렇게 하지 못하면 신라를 공격하겠다는 내용도 있었죠. 왕은 신하들에게 이 문제를 해결하라고 명령했어요. 하지만 신하들은 상자 안의 물건이 무엇인지 어림하기만 할 뿐 정확히 알아내지는 못했어요.
>
> 한편 한 벼슬아치의 집에 종으로 일하는 소년이 있었어요. 그 소년은 자신이 해결할 수 있다며 기회를 달라고 했어요. 벼슬아치는 허락했고, 소년은 시를 지어 바쳤어요. 시는 너무나 완벽해서 따로 다듬을 필요가 없었어요. 소년의 활약으로 신라는 위기에서 벗어날 수 있었어요.

▶ 241023-0031

1 윗글의 내용을 바르게 이해한 것은 ○표, 잘못 이해한 것은 ✕표 하세요.

1 신라의 왕은 중국의 왕에게 협박을 받았다. (   )

2 소년은 시를 여러 번 고쳐 쓴 후 왕에게 보냈다. (   )

3 신라는 소년의 활약으로 중국의 공격을 피할 수 있었다. (   )

▶ 241023-0032

2 소년이 지은 다음 시를 바탕으로 상자 안의 물건은 무엇인지 ㉠과 ㉡에 알맞은 낱말을 쓰세요.

> 껍데기 속은 반은 희고 반은 황금색인데, 새벽마다 때를 알아 '꼬끼오' 울려고 하건만 어려서 소리를 내지는 못하는구나.

➡ [　㉠　] 이 있었는데, 그것이 껍데기를 깨고 나와 [　㉡　] 가 되었다.

어휘 펼치기　　　**마침표를 찍다** 어떤 일을 끝내다.

마침표(.)는 주로 문장을 끝맺을 때 쓰는 문장 부호예요. 하나의 문장이 끝났다는 것을 나타내기 위해 마침표를 찍는 거죠. 문장을 끝내듯이 어떤 일을 끝냈을 때 '마침표를 찍다'라는 말을 사용해요.

누나가 초등학교 생활에 마침표를 찍던 날.

241023-0033

1 밑줄 친 말과 바꿔 쓸 수 있는 말을 바르게 연결한 것은 무엇인가요? (   )

① 지수는 샘이 많아서 잘 삐친다. – 욕심
② 그는 자신의 잘못을 후회하였다. – 뉘우쳤다
③ 동생이 모처럼 함박웃음을 지었다. – 비웃음
④ 형은 고달픈 몸을 이끌고 집을 나섰다. – 아픈
⑤ 열심히 공부하는 것을 보니 흐뭇하다. – 머쓱하다

241023-0034

2 다음 글에서 '준호'의 마음을 나타내기에 가장 알맞은 말은 무엇인가요? (   )

> 아침에 지난주에 열렸던 교내 미술 대회 시상식이 열렸다. 준호는 시간에 쫓겨 급하게 그림을 그렸기 때문에 상을 못 받을 것이라고 생각했다. 그런데 뜻밖에도 준호가 으뜸상을 받게 되었다. 준호는 너무 놀라 어떻게 해야 할지를 몰랐다.

① 가엾다　　　② 뿌듯하다　　　③ 안타깝다　　　④ 서먹하다　　　⑤ 얼떨떨하다

241023-0035

3 밑줄 친 낱말의 쓰임이 바르지 <u>않은</u> 것은 무엇인가요? (   )

① 나와 동생의 취미는 서로 같다.
② 이 문제를 해결할 사람은 너뿐이야.
③ 너 손톱이 지저분해서 좀 다듬어야겠다.
④ 영호는 약속 시간을 반듯이 지키는 친구야.
⑤ 날씨가 무척 추워서 몸을 부들부들 떨었다.

241023-0036

4 다음 대화의 빈칸에 들어가기에 가장 알맞은 말은 무엇인가요? (   )

> 지호: 나는 외계인으로부터 지구를 구하는 슈퍼 영웅이 될 거야.
>
> 수민: [   ] 잡는 얘기 그만하고, 빨리 밀린 숙제나 해.

① 꿈　　　② 안개　　　③ 무지개　　　④ 뜬구름　　　⑤ 지푸라기

▶ 241023-0037

5 가로 열쇠와 세로 열쇠를 바탕으로, 십자말풀이를 해 보세요.

가로 열쇠

❷ 어떤 일을 끝내다. ○○○를 찍다. ㅁㅊㅍ

❹ '어떤 일이나 사물의 내용을 알기 위하여 자세히 살펴보거나 찾아보다.'를 뜻하는 말. ㅈㅅㅎㄷ

세로 열쇠

❶ '별로 마음에 들지 않아 꺼림칙하다.'를 뜻하는 말. ㅁㅁㄸㅎㄷ

❸ '이전에 자신이 한 일이 잘못임을 깨닫고 스스로 자신의 잘못을 꾸짖다.'를 뜻하는 말. ㅎㅎㅎㄷ

❺ ○○이 땅을 사면 배가 아프다. ㅅㅊ

 받아쓰기

불러 주는 말을 잘 듣고 낱말의 뜻에 주의하며 받아쓰세요.

1 참

2 후

3 가

4 바

5 병

아래 낱말을 퍼즐에서 찾아봐요

아래 낱말에 사용된 글자를 표에서 찾아 칸을 색칠하세요. '다'는 한 번만 칠하세요. 다 칠한 후에 어떤 모양이 되는지 말해 보세요.

공	연	기	속	도
맞	결	대	삭	번
거	하	다	이	갈
걸	맞	장	구	비
멋	짐	들	판	살

아래에 있는 낱말들 중에서 그 뜻을 잘 알고 있는 낱말에 ✓표를 하세요.

- ☐ 거들다
- ☐ 맞대다
- ☐ 연결하다
- ☐ 번갈다
- ☐ 속삭이다
- ☐ 맞장구

거들다

남이 하는 일을 함께 하면서 돕다.

비슷한말 도와주다

맞대다

서로 가깝게 마주 대하다.

비슷한말 맞추다, 마주 대다

연결하다

둘 이상의 사물이나 현상 등이 서로 이어지거나 관계를 맺다.

비슷한말 잇다

번갈다

여럿이 어떤 일을 할 때, 정해진 시간 동안 한 사람씩 차례를 바꾸다.

비슷한말 교대하다, 교체하다

속삭이다

남이 알아듣지 못하게 작은 목소리로 가만가만 이야기하다.

[비슷한말] 귓속말하다, 소곤거리다

맞장구

남의 말이 옳다고 같은 의견을 내는 일.

[비슷한말] 맞장단
[함께 쓰는 말] 맞장구를 치다

어휘 더하기

헷갈리는 낱말 '마치다'와 '맞히다'

마치다 하던 일이나 과정이 끝나다.

맞히다
1. 문제에 대한 답을 옳게 대다.
2. 무엇을 목표 지점에 맞게 하다.

'마치다'는 '오늘의 숙제를 마쳤다.'와 같이 끝낸다는 의미로 쓸 수 있어요. 그리고 '맞히다'는 '문제를 풀어서 정답을 맞히다.', '콩 주머니를 던져서 박에 맞히다.'처럼 쓸 수 있어요.

💬 **바르게 쓰인 문장에 ○표 하세요.**

1 ㉠ 나는 설거지를 마쳤어. (　　　)
ㄴ 나는 설거지를 맞혔어. (　　　)

2 ㉠ 눈싸움을 해서 친구를 마쳤다. (　　　)
ㄴ 눈싸움을 해서 친구를 맞혔다. (　　　)

241023-0038

1 다음 그림에 알맞은 낱말을 <보기>에서 찾아 써 보세요.

| 거들다 | 맞대다 | 번갈다 |

1 엄마! 제가 도와드릴게요.

2 내 키가 더 큰 것 같은데? 등을 대고 서 보자!

3 방금 내가 했으니, 이번에 는 네가 할 차례야.

241023-0039

2 루안이의 일기에서 밑줄 친 낱말의 쓰임이 알맞지 <u>않은</u> 것은 무엇인가요? (　　　　)

○월 ○일 ○요일	날씨: 맑음

　삼촌께서 블록을 선물로 사 주셨다. 상자가 너무 커서 혼자서 뜯는 것이 어려웠다. 동생이 ①<u>거들어</u> 주어서 금방 뜯을 수 있었다. 나는 블록을 ②<u>연결해서</u> 로봇을 만들기 시작했다. 10분이 지나고 나서 로봇 만들기를 ③<u>마쳤다</u>. 동생이 로봇을 먼저 가지고 놀고 싶다고 큰 소리로 ④<u>속삭였다</u>. 동생에게 로봇을 먼저 주었고, ⑤<u>번갈아</u> 갖고 놀기로 약속했다.

241023-0040

3 다음 단어와 뜻이 비슷한 낱말을 <보기>에서 찾아 써 보세요.

보기

잇다　　맞장단　　보태다　　교대하다

1 연결하다: (　　　　　　　　)　　　　**2** 맞장구: (　　　　　　　　)

241023-0041

4 가로 열쇠와 세로 열쇠를 바탕으로, 십자말풀이를 해 보세요.

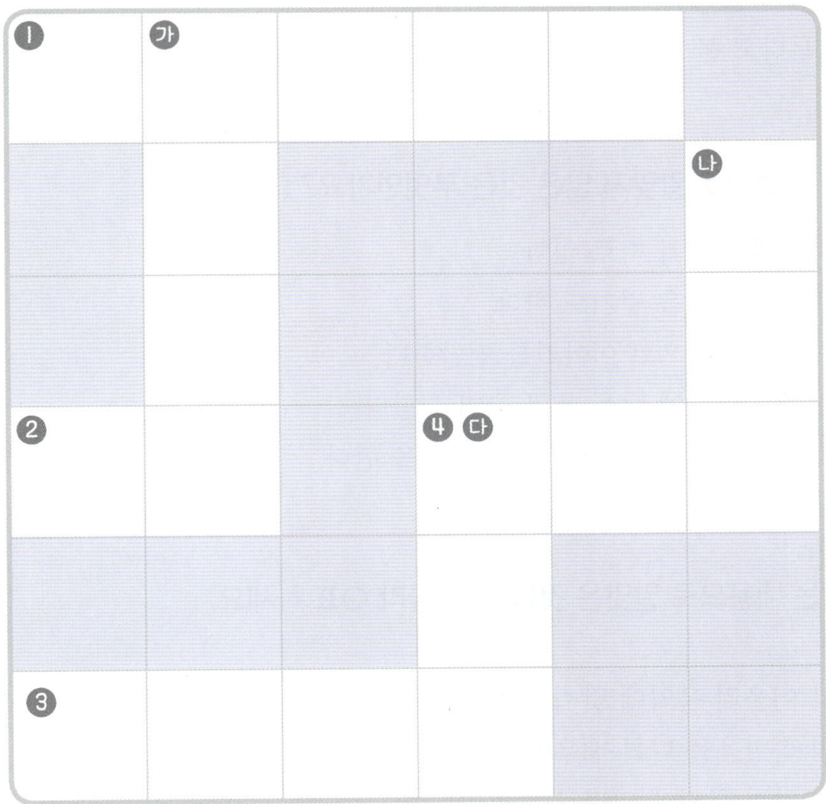

가로 열쇠

❶ 남의 귀에 입을 가까이 대고 작은 소리로 말하다. **귓**○○○○
❷ 맞장구를 ○○.
❸ 서로 이어지게 관계를 맺다. **연**○○○
❹ 서로 가깝게 마주 대하다.

세로 열쇠

㉮ 남이 알아듣지 못하게 작은 소리로 가만가만 이야기하다. **속**○○○
㉯ 남이 하는 일을 함께 하면서 돕다. **거**○○ (비슷한말) 도와주다
㉰ 문제에 대한 답을 옳게 대다. 또는 무엇을 목표 지점에 맞게 하다.

어휘 활용하기

💬 **다음 글을 읽고 물음에 답해 보세요.**

　탈춤은 배우들이 얼굴에 탈을 쓰고 하는 공연을 말해요. 배우들이 음악에 맞춰 춤을 추기도 하고, 말과 몸짓을 통해 재미있는 이야기를 전달하죠. 탈춤은 연극과 다르게 무대가 따로 없어요. 사람이 많이 모일 수 있는 곳이라면 어디든 공연 장소가 될 수 있어요. 관객들이 공연에 참여할 수도 있어요. 배우가 관객에게 말을 걸기도 하고, 자기 속마음을 말할 때는 다른 배우가 못 들도록 관객에게 속삭이기도 하죠. 관객들은 배우의 말과 몸짓에 맞장구를 쳐 주기도 해요. 그리고 음악이 울리면 배우와 관객이 어우러져 함께 춤을 추기도 하죠. ㉠이런 점에서 관객도 공연을 거든다고 볼 수 있어요.

▶ 241023-0042

1 탈춤에 대한 설명으로 알맞지 <u>않은</u> 것은 무엇인가요? (　　　　)

① 연극과 다르게 무대가 따로 없다.
② 배우가 관객에게 말을 걸기도 한다.
③ 배우들은 말과 몸짓으로 이야기를 전달한다.
④ 배우와 관객이 얼굴에 탈을 쓰고 공연을 한다.
⑤ 많은 사람이 모일 수 있는 장소에서 공연을 한다.

▶ 241023-0043

2 ㉠이 가리키는 내용으로 알맞은 것을 <u>모두</u> 골라 ○표 하세요.

가. 배우와 어울려 음악에 맞춰 춤을 춘다. (　　　　)	
나. 배우의 속마음을 다른 배우에게 말해 준다. (　　　　)	
다. 배우의 말과 몸짓에 맞장구를 치기도 한다. (　　　　)	

어휘 펼치기　　　**탈을 쓰다** 본색이 드러나지 않게 태도를 거짓으로 꾸미다.

'양의 탈을 쓴 늑대'라는 말 많이 들어 봤죠? 자신의 정체를 감추기 위해 마치 다른 사람인 것처럼 속일 때 '탈을 쓰다'라는 표현을 사용해요. 탈을 쓰지 않고, 자기 모습을 있는 그대로 드러낼 만큼 당당한 사람이 되었으면 좋겠어요.

숨은그림찾기 숨은 그림: 축구화, 줄넘기, 농구공, 야구 장갑, 배드민턴 라켓

아래에 있는 낱말들 중에서 그 뜻을 잘 알고 있는 낱말에 ✓표를 하세요.

- ☐ 가쁘다
- ☐ 긴장하다
- ☐ 망설이다
- ☐ 빤히
- ☐ 조마조마하다
- ☐ 쑥스럽다

가쁘다

숨이 몹시 차다. 숨 쉬기 어려울 정도로 숨 쉬는 속도가 몹시 빠르다.

긴장하다

1. 마음을 놓지 않고 정신을 바짝 차리다.
2. 몸의 근육이나 신경이 계속 움츠러들거나 흥분하다.

망설이다

이리저리 생각만 하고 마음이나 태도를 결정하지 못하다.

비슷한말 머뭇거리다. 주저하다.

발음 [망서리다]

빤히

바라보는 눈매가 또렷하게.

조마조마하다

앞으로 닥쳐올 일이 걱정되어 마음이 초조하고 불안하다.

쑥스럽다

하는 짓이나 모양이 자연스럽지 못하여 우습고 싱거운 데가 있다.

비슷한말 겸연쩍다, 부끄럽다
발음 [쑥쓰럽따]

어휘 더하기

'부치다'와 '붙이다'

부치다

1. 편지나 물건을 보내다.
2. 기름을 두른 프라이팬에 반죽이나 달걀 등을 넓적하게 펴서 익히다.
3. 부채나 넓은 종이를 흔들어서 바람을 일으키다.

붙이다

1. 맞닿아 떨어지지 않게 하다.
2. 불을 일으켜 타게 하다.

'부치다'와 '붙이다'를 어떻게 구별해서 쓸까요? 풀로 종이를 붙여 놓은 것처럼 '서로 붙어 있게 하다.'라는 뜻이 담겨 있으면 '붙이다'를 쓰고, 그렇지 않으면 '부치다'를 사용하면 된답니다.

💬 **다음 괄호 안에서 알맞은 낱말을 찾아 ○표 하세요.**

1 너무 더워서 부채를 (부쳤다, 붙였다).
2 추석에는 많은 양의 전을 (부친다, 붙인다).
3 편지 봉투를 풀로 (부치고, 붙이고) 편지를 (부쳤다, 붙였다).
4 계란을 (부치기, 붙이기) 위해 불을 (부쳤다, 붙였다).

241023-0044

1 왼쪽에 있는 낱말을 따라 써 본 후, 오른쪽에서 그 뜻을 찾아 선으로 이어 보세요.

1 긴장하다 | 긴 장 하 다 ·

2 망설이다 | 망 설 이 다 ·

3 쑥스럽다 | 쑥 스 럽 다 ·

ㄱ 앞으로 닥쳐올 일이 걱정되어 마음이 초조하고 불안하다.

ㄴ 하는 짓이나 모양이 자연스럽지 못하여 우습고 싱거운 데가 있다.

ㄷ 이리저리 생각만 하고 마음이나 태도를 결정하지 못하다.

ㄹ 마음을 놓지 않고 정신을 바짝 차리다.

241023-0045

2 다음 만화에서 빈칸에 들어가기에 알맞은 낱말을 <보기>에서 찾아 쓰세요.

보기

빤히   가쁘게   조마조마하다

1

2

3

▶ 241023-0046

3 다음 낱말 중 어느 말이 맞을까요? 알맞은 낱말에 ○표 하세요.

1 우표를 (부치고, 붙이고) 친구에게 편지를 (부쳤다, 붙였다).

2 부침개를 (부치고, 붙이고) 나니 너무 더워서 부채를 (부쳤다, 붙였다).

▶ 241023-0047

4 노랑 나비가 분홍 나비를 찾아갈 수 있도록 아래 미로에서 길을 찾아 주세요.

도움말

❶ '망설이다'를 읽을 때는 어떻게 소리 날까요?

❷ '쑥스럽다'를 읽을 때는 어떻게 소리 날까요?

❸ '망설이다'와 비슷한말은 무엇일까요?

❹ '쑥스럽다'와 비슷한말은 무엇일까요?

💬 **다음 글을 읽고 물음에 답해 보세요.**

> 새 학기 첫날, 다희는 설레는 마음도 있었지만 걱정도 많았습니다. 무엇보다도 새 친구를 사귈 수 있을지가 제일 걱정이 되었습니다. 지각하지 않기 위해 숨 가쁘게 뛰어서 교실에 도착한 다희는 긴장하며 빈자리에 앉았습니다. 한 아이가 다희를 빤히 바라보고 있었습니다. 그 아이는 다희와 눈이 마주치자 쑥스러운 듯 얼른 고개를 돌렸습니다. 그러다가 잠시 망설이는 것 같더니 다희에게 다가왔습니다. 다희는 마음이 조마조마했습니다.
> "안녕, 나는 영서라고 해. 나랑 친구 할래?"
> 다희는 영서가 먼저 말을 걸어 주어 참 다행이라고 생각했습니다.
> 다희는 새 친구를 사귀게 되어 무척이나 기뻤습니다.

▶ 241023-0048

1 윗글의 중심 내용으로 가장 알맞은 것은 무엇인가요? (   )

① 새 학기 준비물 챙기기
② 새 친구를 사귀게 된 일
③ 친한 친구가 전학 간 일
④ 교실에서 뛰어서 혼난 일
⑤ 새로운 담임 선생님을 만난 일

▶ 241023-0049

2 윗글에 나타난 '다희'의 모습에 해당하지 <u>않는</u> 것은 무엇인가요? (   )

① 영서와 눈이 마주치자 얼른 고개를 돌렸다.
② 영서가 처음 다가왔을 때 마음이 초조했다.
③ 지각하지 않기 위해 숨이 찰 정도로 뛰어왔다.
④ 영서가 먼저 말을 걸어 온 것을 다행으로 여겼다.
⑤ 교실에 들어와 정신을 바짝 차리며 빈자리에 앉았다.

어휘 펼치기

천 리 길도 한 걸음부터 무슨 일이나 그 일의 시작이 중요하다.

'천 리'는 약 400km에 해당하는 거리예요. 이렇게 먼 곳에 가기 위해서는 먼저 한 걸음을 내딛는 것이 중요해요. 아무리 큰 목표를 세웠더라도 첫발을 내딛지 않으면 목표를 향해 나갈 수가 없어요. 목표를 세웠다면 두려워하지 말고 멋지게 한 걸음을 내디뎌 보세요.

그림으로 생각해 봐요

아래 그림에서 사람들이 어떤 말을 주고받고 있을지 상상하며, 비어 있는 말풍선 안을 자유롭게 채워 보세요.

아래에 있는 낱말들 중에서 그 뜻을 잘 알고 있는 낱말에 ✓표를 하세요.

☐ 엇갈리다   ☐ 북적거리다   ☐ 옥신각신하다

☐ 지저분하다   ☐ 아늑하다   ☐ 무시무시하다

엇갈리다

서로 어긋나서 만나지 못하다.

북적거리다

많은 사람이 한곳에 모여 매우 어수선하고 시끄럽게 자꾸 떠들다.

비슷한말 북적대다, 북적북적하다

옥신각신하다

서로 옳으니 그르니 하며 다투다.

지저분하다

1. 어떤 곳이 정리되어 있지 않아서 어수선하다.
2. 깨끗하지 않고 보기 싫게 더럽다.

반대말 깨끗하다

아늑하다

1. 따뜻하고 부드럽게 감싸 안기듯 편안하고 조용한 느낌이 있다.
2. 따뜻하고 포근한 느낌이 있다.

무시무시하다

1. 몹시 무섭다.
2. 정도나 수준, 능력 등이 매우 심하거나 대단하다.

어휘 더하기

'별' 하면 어떤 말이 떠오르나요?

밤하늘에 반짝거리는 예쁜 별이 떠오르나요? 한자어 '별'을 소개할게요.

$$別 \quad 다를 \ 별$$

'別' 자는 두 가지 뜻을 가지고 있어요.
① 보통과 다르게 두드러지거나 특별한.
　예 별생각이 다 들었어.
　예 별것 아니야.
② 어떤 말 뒤에 붙어서 '그것에 따른'의 뜻을 더하는 말.
　예 나라별로 상징하는 꽃이 있답니다.
　예 장래 희망별 학생 수를 조사해 봅시다.

'별'을 두 번 반복하여 쓰면 이런 뜻을 가진답니다.
- **별별(別別)**: 보통과 다른 여러 가지의.
　예 별별 사람들이 다 있단다.

💬 **다음 빈칸에 알맞은 낱말을 써 보세요.**

1 무슨 일이 생긴 것은 아닌지 ⬚⬚ 생각이 다 들었다.

2 꽃 축제에 갔더니 ⬚⬚⬚ 희한한 꽃들이 다 모여 있더라.

3 장래 희망 ⬚⬚ 학생 수를 조사했어요.

241023-0050

1 왼쪽에 있는 낱말을 따라 써 본 후, 오른쪽에서 그 뜻을 찾아 선으로 이어 보세요.

1 엇갈리다

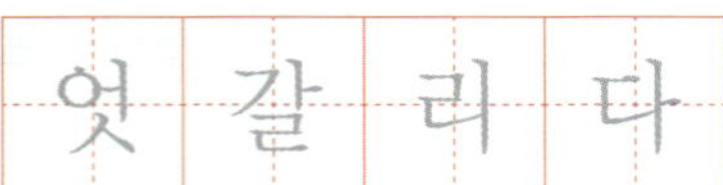

• ㉠ 서로 어긋나서 만나지 못하다.

2 아늑하다

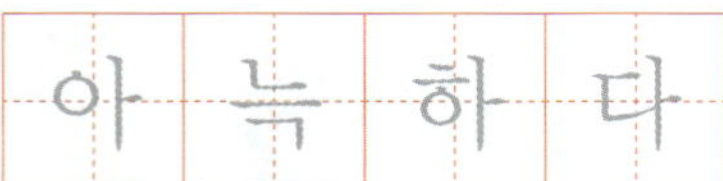

• ㉡ 몹시 무섭다.

3 무시무시하다

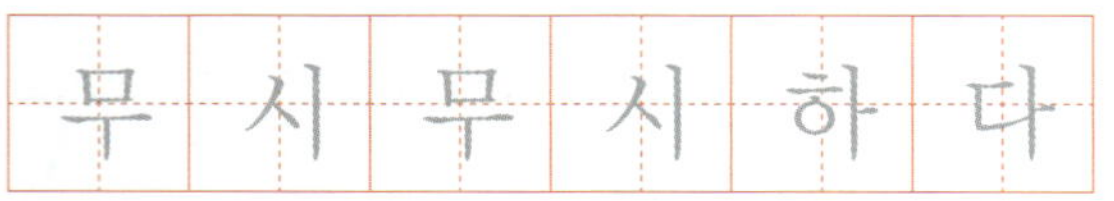

• ㉢ 따뜻하고 부드럽게 감싸 안기듯 편안하고 조용한 느낌이 있다.

241023-0051

2 다음 뜻에 알맞은 낱말을 <보기>에서 찾아 빈칸에 써 보세요.

보기

아늑하다	엇갈리다	북적거리다
지저분하다	무시무시하다	옥신각신하다

1 

(　　　　　): 많은 사람이 한곳에 모여 매우 어수선하고 시끄럽게 자꾸 떠들다.

2 

(　　　　　): 서로 옳으니 그르니 하며 다투다.

3 

(　　　　　): 어떤 곳이 정리되어 있지 않아서 어수선하다.

241023-0052

3 다음 밑줄 친 말 중 나머지 네 개와 <u>다른</u> 뜻을 가진 것은 무엇인가요? (   )

① <u>별</u>것 아니야.

② <u>별</u>생각이 다 들었어.

③ <u>별</u> 뾰족한 수가 없었다.

④ <u>별</u> 부담 없이 노래를 불렀다.

⑤ 준비물은 개인<u>별</u>로 준비하세요.

241023-0053

4 글자들이 파란 하늘 위로 날아가고 있어요. <보기>의 낱말들이 어디에 있는지 찾아서 ◯표로 묶어 보세요.

보기

아늑하다	엇갈리다	북적거리다
지저분하다	무시무시하다	옥신각신하다

거 리 다 람 쥐
북 적 포 장 퍼 김 행
학 술 엇 갈 리 다 정
옥 신 해 기 러 강
각 신 하 다 미 자 우
고 무 지 원 초 다 에
시 나 저 보 하 제 용
무 소 분 노 아 늑 대
시 새 하 다

💬 **다음 글을 읽고 물음에 답해 보세요.**

202○년 ○월 ○일 ○요일 　　　　　　날씨: 방글방글 웃는 해님

　엄마와 함께 처음으로 시장 구경을 했다. 시장 골목으로 들어서니 사람들로 북적거리는 곳이 있었다. 엄마는 사람들이 물건값을 깎느라 옥신각신하는 중이라고 하셨다. 시장에는 갖가지 물건들이 예쁘게 진열되어 있었다. 내가 갖고 싶었던 물건들도 많아 눈이 휘둥그레졌다. 사람들이 물건을 살펴보느라 마구 흩어 놓아 지저분해진 곳도 있었다. 엄마 손을 꼭 잡고 생선 가게를 구경했다. 그곳에는 무시무시한 이빨을 드러낸 커다란 생선이 있었다. 무서워서 엄마 품에 안겼다. 아늑한 엄마 품에 안기니 마음이 편해졌다.

▶ 241023-0054

1　윗글의 제목으로 가장 알맞은 것은 무엇인가요? (　　　　)

① 물건값을 깎는 방법　　　　　　② 시장에서 물건 고르기
③ 시장에 있는 가게의 종류　　　　④ 처음으로 시장 구경한 날
⑤ 물건을 예쁘게 진열하는 방법

▶ 241023-0055

2　윗글에서 시장에서 겪은 일에 대한 느낌을 쓴 것은 무엇인가요? (　　　　)

① 시장 골목에 사람들이 북적거렸다.
② 엄마 품에 안기니 마음이 편해졌다.
③ 여러 가지 물건들이 진열되어 있었다.
④ 무시무시한 이빨을 드러낸 생선이 있었다.
⑤ 엄마 손을 꼭 잡고 생선 가게를 구경했다.

어휘 펼치기　　**가는 날이 장날** 　어떤 일을 하려고 하는데 마침 그때 생각하지도 않은 일이 생긴다.

　책을 읽고 싶어서 모처럼 시간을 내서 도서관에 갔는데, 도서관이 쉬는 날이라고 해요. 이렇게 생각하지도 않은 일을 당해서 하려던 일을 하지 못하는 상황에서 이 속담을 써요.

어떻게 행동할까요?

함께 생각해 봐요

소원이는 오늘도 어휘 공부를 열심히 했어요. 공부를 마친 후, 어머니께서는 소원이가 가장 좋아하는 딸기 주스를 만들어 주셨어요. 소원이가 맛있게 먹다 보니 주스가 반 정도 남았네요.

소원이는 반 정도 남은 주스를 보고 어떤 생각이 들었을까요? 아래에서 골라 보세요.

❶을 골랐다면 … 아까워서 주스를 제대로 마시지 못할 거예요.

❷를 골랐다면 … 마지막까지 즐거운 기분으로 주스를 맛있게 마셨을 거예요.

같은 상황이라도 어떤 태도로 그것을 바라보느냐에 따라 다르게 보인답니다. 많은 것들이 우리의 마음먹기에 달려 있으니까요. 이제부터는 기왕이면 긍정적인 태도로 바라보고, 밝게 생활하면 좋겠어요.

💬 아래에 있는 낱말들 중에서 그 뜻을 잘 알고 있는 낱말에 ✓표를 하세요.

☐ 선뜻	☐ 덜컥	☐ 부쩍
☐ 거뜬히	☐ 함부로	☐ 골똘히

선뜻

아무 망설임이나 어려움 없이 쉽게.

덜컥

1. 갑자기 놀라거나 무서워서 가슴이 내려앉는 모양.
2. 어떤 일이 갑자기 일어나는 모양.

부쩍

어떤 사물이나 현상이 갑자기 크게 변화하는 모양.

거뜬히

다루기가 간편하고 손쉽게.

함부로 🔍

조심하거나 깊이 생각하지 않고 마구.

비슷한말 마구

골똘히 🔍

다른 생각이 들지 않을 정도로 집중하여.

어휘 더하기

'작다'와 '적다'

작다

크다　　　　작다

길이, 넓이, 부피 등이 다른 것이나 보통보다 덜하다.

적다

많다　　　　적다

수나 양, 정도가 일정한 기준에 미치지 못하다.

　길이나 넓이, 부피 따위가 비교 대상보다 덜할 때 쓰이는 말은 '작다'이고, 반대말은 '크다'입니다.

　'적다'는 수효나 분량이 일정한 기준에 미치지 못할 때 쓰는 말로, 반대말은 '많다'입니다.

💬 **다음 괄호 안에서 알맞은 낱말을 찾아 ○표 하세요.**

1 비록 (작지만, 적지만) 올해부터 부모님께서 용돈을 주시기로 했어.

2 일 년 사이에 키가 많이 자라서 작년에 입었던 옷이 (작아, 적어) 못 입겠어.

▶ 241023-0056

1 왼쪽에 있는 낱말을 따라 써 본 후, 오른쪽에서 그 뜻을 찾아 선으로 이어 보세요.

- ㉠ 다루기가 간편하고 손쉽게.
- ㉡ 힘들게 겨우.
- ㉢ 조심하거나 깊이 생각하지 않고 마구.
- ㉣ 아무 망설임이나 어려움 없이 쉽게.
- ㉤ 좋지 않은 일을 겪지 않도록 주의를 하며.

1 선뜻 | 선 | 뜻 |

2 거뜬히 | 거 | 뜬 | 히 |

3 함부로 | 함 | 부 | 로 |

▶ 241023-0057

2 다음 그림의 상황을 글로 표현하려고 해요. 빈칸에 들어가기에 알맞은 낱말을 <보기>에서 찾아 쓰세요.

보기

| 달랑 | 덜컥 | 부쩍 | 슬쩍 | 골똘히 | 일부러 |

1 비가 그친 후 집에 가던 인찬이는 길바닥에서 꿈틀거리는 지렁이를 보았어요. 너무 놀라 가슴이 ☐☐ 내려앉는 것 같았어요.

2 오랜만에 만난 준호의 키가 ☐☐ 자라서 못 알아볼 뻔했어요.

3 은서는 밥 먹으라는 엄마의 말씀을 듣지 못할 만큼 ☐☐☐ 책을 읽고 있어요.

241023-0058

3 다음 대화에서 밑줄 친 말의 반대말을 써 보세요.

1

→

2

→

241023-0059

4 아래 도형에는 어떤 그림이 숨어 있을까요? <도움말>에서 밑줄 친 말과 바꿔 쓸 수 있는 말의 번호를 찾아 해당 색깔로 색칠해 보세요.

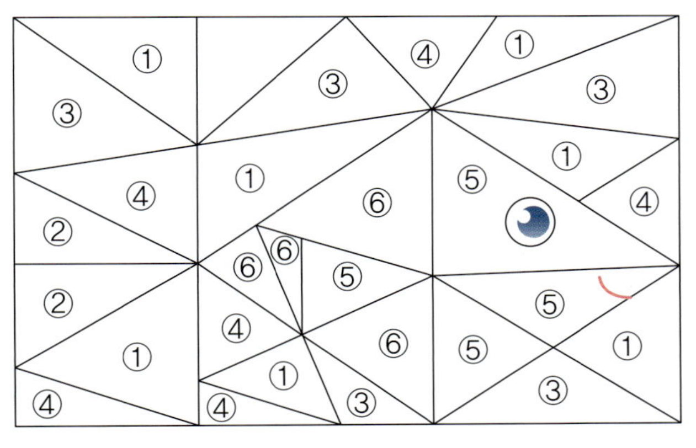

도움말

- 파란색: 현정이는 무슨 일을 시켜도 <u>아주 쉽게</u> 해냅니다.
- 하늘색: 친구는 어려운 부탁을 <u>아무 망설임 없이</u> 들어주었다.
- 보라색: 아무리 친한 친구라도 <u>생각 없이 마구</u> 말하면 안 돼.

① 골똘히　　② 함부로　　③ 부쩍
④ 덜컥　　⑤ 거뜬히　　⑥ 선뜻

💬 **다음 글을 읽고 물음에 답해 보세요.**

　큰돈이 있어야만 기부를 할 수 있다고 생각하여 선뜻 기부에 참여할 생각을 하지 못하는 경우가 있다. 요즘은 누구나 쉽게 참여할 수 있는 기부가 부쩍 많아졌다. 버려진 동물을 돌보는 사업도 여기에 해당한다.

　반려동물을 갖고 싶다고, 골똘히 생각해 보지 않고 강아지나 고양이를 덜컥 데려오는 사람들이 있다. ㉠이런 사람들은 처음에는 반려동물을 거뜬히 키울 수 있다고 생각하지만, 조금만 힘들면 함부로 버린다. 이렇게 버려진 동물을 돌보는 일을 하는 단체가 있다. 우리가 이 단체를 돕는 가게에서 물건을 사면, 그 가게는 번 돈의 일부를 이 단체에 기부한다. 이런 방식으로 우리는 가게에서 물건을 사는 것만으로도 일상에서 기부를 할 수 있다.

▶ 241023-0060

1 윗글의 내용을 바르게 이해한 것은 ○표, **잘못** 이해한 것은 X표 하세요.

1 큰돈이 없으면 기부에 참여할 수 없다. (　　　)

2 물건을 사는 것만으로도 기부를 실천할 수 있다. (　　　)

3 누구나 쉽게 참여할 수 있는 기부가 많이 생겼다. (　　　)

▶ 241023-0061

2 ㉠이 가리키는 사람들은 누구인가요? (　　　)

① 평소 기부에 참여하지 않는 사람들

② 강아지나 고양이를 싫어하는 사람들

③ 깊은 생각 없이 반려동물을 데려오는 사람들

④ 버려진 동물을 보호하는 일을 하는 사람들

⑤ 골똘히 생각한 후에 반려동물을 키우는 사람들

 **어휘 펼치기**　**티끌 모아 태산** 아무리 작은 것이라도 모이고 모이면 나중에 큰 덩어리가 된다.

　아무리 적은 돈이라도 많은 사람이 함께하면 큰돈을 모을 수 있어요. 마찬가지로 적은 시간이라도 꾸준히 어휘 공부를 해 나간다면 나중에는 우리말 척척박사가 될 수 있답니다.

소중한 생명, 안전한 생활

그림으로 생각해 봐요

왼쪽에 있는 표지판이 뜻하는 것을 오른쪽에서 찾아 선으로 이어 보세요.

1

㉮ 도로에서 공사를 하고 있으니 조심해서 지나가세요.

2

㉯ 이곳에서는 자전거를 탈 수 없어요.

3

㉰ 여기서는 길을 건너면 안 돼요.

💬 아래에 있는 낱말들 중에서 그 뜻을 잘 알고 있는 낱말에 ✓표를 하세요.

☐ 밸브	☐ 비상 대피로	☐ 비상구
☐ 신변	☐ 요원	☐ 유괴

밸브

관을 통과하는 기름, 가스, 물의 양이나 압력을 조절하는 장치.

비상 대피로

신속하게 대처해야 할 뜻밖의 긴급 사태 때 위험이나 피해를 입지 않게 피하도록 만든 길.

비상구

화재나 지진 같은 갑작스러운 사고가 일어날 때에 급히 밖으로 나갈 수 있도록 만들어 놓은 출입구.

신변

몸과 몸의 주위.

요원

어떤 일을 하는 데 필요한 인원.

유괴

돈 등을 요구할 목적으로, 주로 아이를 속여서 꾀어냄.

어휘 더하기

소리가 비슷한 낱말 '거름'과 '걸음'을 알아볼까요?

식물이 잘 자라도록 땅에 뿌리거나 섞는 물질을 말해요.

㉘ 흙에 거름을 뿌려 주면 농작물이 잘 자라요.

다리를 움직여 두 발을 번갈아 옮겨 놓는 동작을 말해요.

㉘ 한참을 걷다가 걸음을 멈추었습니다.

💬 **다음 괄호 안에서 알맞은 낱말을 찾아 ○표 하세요.**

1 느린 (거름, 걸음)으로 터벅터벅 걸어갔습니다.

2 꽃 화분에 (거름, 걸음)을 주었습니다.

▶ 241023-0062

1 왼쪽에 있는 낱말을 따라 써 본 후, 오른쪽에서 그 뜻을 찾아 선으로 이어 보세요.

1 유괴
유 괴

2 신변
신 변

비상 대피로
3
비 상 　 대 피 로

㉠ 관을 통과하는 기름, 가스, 물의 양이나 압력을 조절하는 장치

㉡ 신속하게 대처해야 할 뜻밖의 긴급 사태 때 위험이나 피해를 입지 않게 피하도록 만든 길.

㉢ 몸과 몸의 주위.

㉣ 어떤 일을 하는 데 필요한 인원.

㉤ 돈 등을 요구할 목적으로, 주로 아이를 속여서 꾀어냄.

▶ 241023-0063

2 다음 만화에서 빈칸에 들어가기에 알맞은 낱말을 <보기>에서 찾아 쓰세요.

보기

밸브　　요원　　비상구

1

2

3

241023-0064

3 다음 중 <u>잘못</u> 쓰인 문장을 <u>모두</u> 골라 보세요. (   )

① 밭에 거름을 뿌려 주어요.

② 흙에 걸음을 뿌려 주어요.

③ 빠른 거름으로 걸어갔어요.

④ 가벼운 걸음으로 걸어갔어요.

⑤ 거름은 농작물이 잘 자라게 도와줘요.

241023-0065

4 다음 <보기>의 단어가 어디에 숨어 있는지 찾아서 ◯표로 묶어 보세요.

보기

밸브　　신변　　요원　　유괴　　비상구　　비상 대피로

밸	리	강	신	변	동
장	브	바	라	요	술
마	에	스	트	원	래
비	상	대	피	로	잡
상	용	학	파	괴	기
구	두	교	유	명	한

💬 다음 글을 읽고 물음에 답해 보세요.

> 오늘은 우리 가족이 함께 영화를 보러 가는 날입니다. 외출 준비를 하면서 아버지께서는 (㉠) 생활을 위해 우리가 지켜야 할 것에 대해 말씀해 주셨습니다.
>
> 첫째, 집을 나서기 전에 가스 밸브가 잘 잠겼는지 확인합니다. 가스가 새지 않도록 밸브를 잘 잠가야 화재를 예방할 수 있기 때문입니다.
>
> 둘째, 영화관에서는 비상구와 비상 대피로를 미리 확인해 둡니다. 그래야 화재가 발생했을 때 빨리 밖으로 나올 수 있기 때문입니다.
>
> 셋째, 위급한 상황이 생겼을 때는 안내 방송과 안내 요원의 말에 귀를 기울입니다. 안내 지시에 따르면 더 안전하게 자신을 보호할 수 있기 때문입니다.
>
> 넷째, 화장실에 갈 때는 혼자 가지 않습니다. 어린이를 유괴하는 나쁜 어른들을 조심해야 하기 때문입니다.

▶ 241023-0066

1 윗글의 내용을 바르게 이해한 것은 ○표, **잘못** 이해한 것은 X표 하세요.

1 집을 나서기 전에는 가스 밸브를 잘 잠가야 물난리를 예방할 수 있다. (   )

2 비상 대피로를 미리 확인해 두어야 화재 시 밖으로 빨리 나올 수 있다. (   )

3 안내 요원의 말에 귀를 기울여야 안전하게 자신을 보호할 수 있다. (   )

▶ 241023-0067

2 윗글의 전체 내용을 살펴볼 때, ㉠에 들어갈 말로 가장 알맞은 것은 무엇인가요? (   )

① 편안한   ② 건강한   ③ 안전한

④ 보람찬   ⑤ 흥미로운

어휘 펼치기   **바람 앞의 등불** 매우 위태롭고 불안한 처지에 놓여 있다.

바람이 불면 등불이 꺼질 수 있어요. 바람 앞에 놓인 등불은 언제 꺼져도 이상할 게 없죠. 그래서 이 말은 매우 위태롭고 불안한 처지를 나타내는 말로 쓰여요. 평소에 안전 수칙을 잘 알아 둔다면 바람 앞의 등불이 되는 순간을 피할 수 있을 거예요.

241023-0068

1 다음 글에서 밑줄 친 말과 바꿔 쓸 수 있는 말이 알맞게 연결되지 <u>않은</u> 것은 무엇인가요? (   )

> 지후에게
>
> 지후야, 안녕? 나 서연이야.
>
> 지난번에 내가 로아하고만 <u>속삭여서</u> 기분이 안 좋았지? 네가 평소에 내 말에 <u>맞장구</u>도 잘 쳐 주고 어려워하는 숙제도 머리를 <u>맞대고</u> 많이 <u>거들어 줬는데</u>, 난 네 기분을 잘 살피지 못한 것 같아. 정말 미안해. 내가 좀 더 너의 마음을 헤아릴게. 너와 난 끈끈한 우정으로 <u>연결되어</u> 있는 거 알지? 그럼 우리 내일 또 보자. 안녕.
>
> ○월 ○일 서연이가

① 속삭여서 – 귓속말해서 　　② 맞장구 – 맞장단

③ 맞대고 – 부딪히고 　　④ 거들어 줬는데 – 도와줬는데

⑤ 연결되어 – 이어져

241023-0069

2 다음 그림의 빈칸에 들어갈 말로 알맞은 것은 무엇인가요? (   )

① 부쩍 　② 선뜻 　③ 거뜬히 　④ 함부로 　⑤ 골똘히

241023-0070

3 밑줄 친 낱말의 쓰임이 알맞지 <u>않은</u> 것은 무엇인가요? (   )

① 살이 쪘더니 옷이 <u>적어졌어</u>.

② 피아노 치기 숙제를 다 <u>마쳤다</u>.

③ 그 호수는 <u>깊으니까</u> 빠지지 않도록 조심해.

④ 구멍 난 양말도 버리지 말고 <u>기워</u> 신어야지.

⑤ 평소 수학을 잘하는 지후는 수학 문제를 다 <u>맞혔다</u>.

▶ 241023-0071

4 다음에서 글쓴이가 말하고 싶은 중심 생각은 무엇인가요? ( )

> 요즘 강아지를 키우는 사람들이 부쩍 늘고 있습니다. 한 가족처럼 사람과 더불어 살아가는 개를 가리켜 반려견이라고도 합니다. 하지만 다른 집의 반려견이 귀엽다고 해서 함부로 만지면 안 됩니다. 개 물림 사고로 이어질 수 있기 때문입니다. 덩치가 작고, 무시무시한 이빨로 으르렁대지 않는다고 해서 쓰다듬었다가는 낯선 개에게 물려 크게 다칠 수 있으니 조심해야 합니다.

① 개를 사랑으로 보살피자.
② 개를 사지 말고 입양하자.
③ 작은 개는 사람을 물 걱정이 없다.
④ 낯선 개를 함부로 만지면 안 된다.
⑤ 낯선 개를 만지고 싶으면 개의 눈을 마주쳐라.

받아쓰기

불러 주는 말을 잘 듣고 낱말의 뜻에 주의하며 받아쓰세요.

1 친

2 강

3 시

4 떨

5 가

오늘 날씨는 어때요?

숨은그림찾기 숨은 그림: 가위, 돋보기, 물통, 아이스크림, 양말, 우산

친구들이 함께 탐험을 나왔어요. 숨은 그림을 찾아 주세요.

💬 아래 낱말 중 위 그림에 나와 있는 것을 모두 찾아 ✓표를 하세요.

☐ 초원	☐ 회오리바람	☐ 응달
☐ 뙤약볕	☐ 소낙비	☐ 흉년

초원

풀이 난 들판.

회오리바람

나선 모양으로 빙글빙글 돌며 부는 바람.

비슷한말 돌개바람

응달

햇빛이 잘 들지 않아 그늘진 곳.

비슷한말 음지

반대말 양달, 양지

뙤약볕

여름에 강하게 내리쬐는 몹시 뜨거운 햇볕.

비슷한말 땡볕

소낙비 🔍

갑자기 세게 내리다가 곧 그치는 비.

비슷한말 소나기

흉년 🔍

농사가 잘되지 않아 다른 때보다 수확이 적은 해.

반대말 풍년

어휘 더하기

'잎'과 '닢'

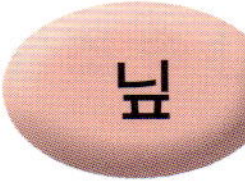

잎 나뭇잎, 풀잎, 꽃잎 등을 세는 단위.

닢 동전 등 납작한 물건을 세는 단위.

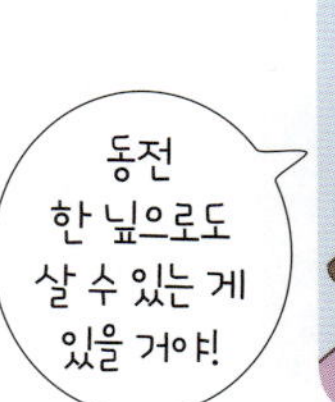

'잎'과 '닢'은 서로 다른 대상을 셀 때 쓰는 단위예요. 글씨도 비슷한데, '한 잎'과 '한 닢'은 소리 내어 읽을 때 소리도 비슷해요.

'잎'은 '나뭇잎, 풀잎, 꽃잎' 등을, '닢'은 동전 등을 셀 때 쓰는 말이에요.

💬 **다음 괄호 안에서 알맞은 낱말을 찾아 ○표 하세요.**

1 장미꽃이 (한 닢, 한 잎)도 시들지 않았으면 좋겠어.

2 동전이 (한 닢, 한 잎)만 있으면 좋겠어.

▶ 241023-0072

1 다음 낱말을 따라 써 본 후, 낱말을 바르게 표현한 그림을 찾아 ○표 하세요.

1 초원　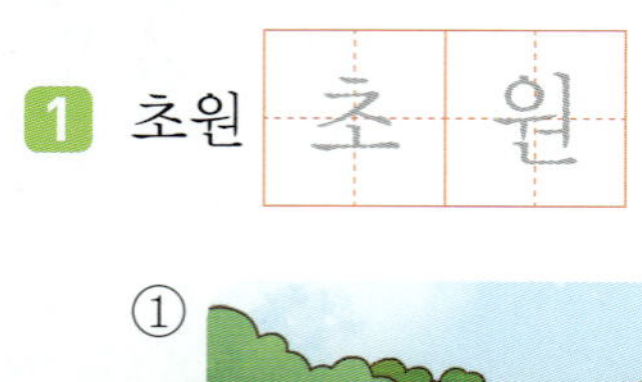

① 　② 　③ 

2 뙤약볕　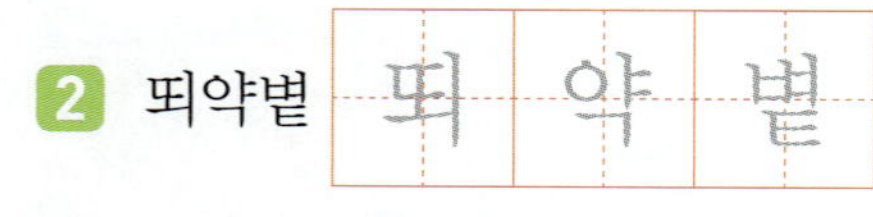

① 　② 　③ 

▶ 241023-0073

2 다음 낱말과 뜻이 반대인 낱말을 빈칸 속 초성을 참고해서 써 보세요.

1 

2 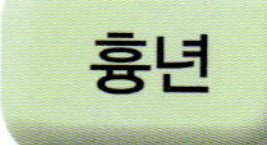

▶ 241023-0074

3 빈칸에 들어갈 말은 '닢'일까요, '잎'일까요? 빈칸에 알맞은 말을 써 보세요.

1 하진: 과자 사 먹고 싶은데 돈이 모자라.

지완: 엄마, 오백 원짜리 동전 한 [   ]만 주세요!

2 주희: 아빠, 단풍이 한 [   ]씩 떨어지기 시작해요!

아빠: 그렇구나. 정말 예쁘네!

▶ 241023-0075

4 기상 캐스터가 날씨를 안내해 주고 있어요. **1**~**4**에 알맞은 그림을 <보기>에서 찾아 기호를 쓰세요.

보기

1 오늘도 뙤약볕에 고생 많으셨습니다. (   )

2 오랫동안 비가 내리지 않아 흉년을 걱정하는 분들이 많으셨죠? (   )

3 드디어 내일 전국에 소낙비가 내릴 예정입니다. (   )

4 비가 그친 후 심한 회오리바람이 불 수 있으니 안전에 주의하세요! (   )

정답과 해설 14쪽

💬 **다음 글을 읽고 물음에 답해 보세요.**

우리 가족은 주말에 목장으로 나들이를 갔습니다. 드넓은 초원을 바라보니 가슴이 뻥 뚫린 듯 시원해졌습니다. 들판 여기저기에서 소들이 한가로이 풀을 뜯고 있었습니다. 한쪽에는 양들이 나무 밑 ㉠그늘에서 쉬고 있었습니다. 소와 양을 직접 보니 무척 신기했습니다. 그러나 뙤약볕이 너무 강해서 우리는 그늘 속으로 들어가 쉬었습니다. 잠시 후 아버지께서 어디론가 가시더니 아이스크림을 들고 오셨습니다.

우리는 회오리바람처럼 생긴 아이스크림을 먹으며 더위를 식혔습니다. 그때 갑자기 소낙비가 쏟아졌습니다. 우리는 비를 피하려고 정신없이 건물 안쪽으로 뛰어 들어갔습니다. 잠시 후 거짓말처럼 비가 그치고 파란 하늘에 무지개가 떴습니다. 동물들도 모처럼 시원했을 것입니다.

▶ 241023-0076

1 윗글에서 글쓴이가 '본 것'이 <u>아닌</u> 것은 무엇인가요? (　　　)

① 양들이 그늘에서 쉬고 있었다.
② 들판에서 소들이 풀을 뜯고 있었다.
③ 아버지께서 아이스크림을 들고 오셨다.
④ 비가 그친 파란 하늘에 무지개가 나타났다.
⑤ 비를 피하려고 나무 밑으로 뛰어 들어갔다.

▶ 241023-0077

2 ㉠과 바꿔 쓸 수 있는 말로 알맞은 것은 무엇인가요? (　　　)

① 땡볕　　　　② 사막　　　　③ 양지　　　　④ 응달　　　　⑤ 우리

어휘 펼치기

그늘이 지다 근심이나 걱정이 있어 얼굴이 밝지 못하다.

이 말은 주로 '얼굴'과 짝을 이루어 쓰입니다. 해결하기 어려운 걱정거리가 있으면 얼굴빛이 어두워지죠? 마치 얼굴에 그늘이라도 생긴 것처럼 말이죠. 우리 친구들의 얼굴에는 절대 그늘이 지지 않고, 늘 밝게 빛나면 좋겠어요.

토끼와 당근 선발 대회

숨은그림찾기

숨은 그림: 바늘, 빗자루, 장갑, 바나나, 야구공

한 수달이 바닷속에서 영롱하고 큰 진주가 들어 있는 조개를 캐내며 뽐내고 있어요. 숨은 그림을 찾아 주세요.

💬 아래에 있는 낱말들 중에서 그 뜻을 잘 알고 있는 낱말에 ✔표를 하세요.

- ☐ 꾀
- ☐ 지혜롭다
- ☐ 보배
- ☐ 탁월하다
- ☐ 등급
- ☐ 낫다

꾀

일을 꾸미거나 해결하기 위한 교묘한 생각이나 방법.

비슷한말 계략

지혜롭다

사물의 이치를 빨리 깨닫고 옳고 그름을 잘 이해하여 처리하는 능력이 있다.

비슷한말 슬기롭다

보배

매우 귀하고 소중한 물건. 또는 사람.

비슷한말 보물, 보화

탁월하다

남보다 훨씬 뛰어나다.

비슷한말 비범하다.

등급

높고 낮음이나 좋고 나쁨의 정도를 여러 층으로 나누어 놓은 단계.

낫다

병이나 상처 등이 없어져 본래대로 되다.

어휘 더하기

헷갈리는 어휘 '낫다'와 '낳다'

낫다 어떤 것이 다른 것보다 더 좋다.

낳다 배 속의 아이, 새끼, 알을 몸 밖으로 내보내다.

낫다 병이나 상처 등이 없어져 본래대로 되다.

💬 **다음 괄호 안에 들어갈 알맞은 말에 ○표 하세요.**

1️⃣ 이제 감기가 다 (낳았어요, 나았어요).
2️⃣ 우리 집 구피가 세 마리의 새끼를 (나았어요, 낳았어요).
3️⃣ 내 글씨보다 동생 글씨가 더 (낫다, 낳다).

1 왼쪽에 있는 낱말을 따라 써 본 후, 오른쪽에서 그 뜻을 찾아 선으로 이어 보세요.

1 지혜롭다 　지　혜　롭　다

2 탁월하다 　탁　월　하　다

3 보배 　보　배

⊙ 사물의 이치를 빨리 깨닫고 옳고 그름을 잘 이해하여 처리하는 능력이 있다.

ⓒ 매우 귀하고 소중한 물건. 또는 사람.

ⓒ 문제를 해결하기 위한 좋은 방법.

ⓔ 남보다 훨씬 뛰어나다.

2 다음 글의 빈칸에 들어갈 낱말을 <보기>에서 찾아 써 보세요.

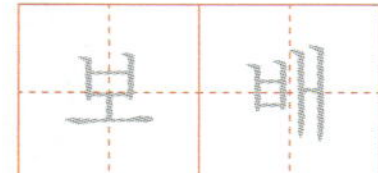

| 어리석다 | 꾀 | 슬기로운 | 탁월한 | 등급 | 나은 | 낮은 |

오늘은 학교에서 줄넘기 대회가 있는 날입니다.

나는 연습을 열심히 했지만 줄넘기 실력이 **1** ＿＿＿＿＿ 지윤이가 부럽기만 합니다.

'쌩쌩쌩 –'

나는 떨리는 마음으로 한 발 한 발을 내디디며 줄넘기를 해냅니다.

친구들의 박수 소리가 들려오고 선생님께서 말씀하십니다.

"이야, 민호는 처음보다 정말 실력이 많이 좋아졌는걸? 선생님보다 실력이 더 **2** ＿＿＿＿＿ 것 같은데?"

그리고 나는 전보다 높은 **3** ＿＿＿＿＿ 을 받아 친구들의 부러움을 샀습니다.

241023-0080

3 다음 그림을 보고 빈칸에 들어갈 낱말을 <보기>에서 찾아 쓰세요.

보기

| 탁월하다 | 상징 | 지혜롭다 | 계략 | 보배 | 슬기롭다 |

1 우리 아버지는 요리 솜씨가 ☐☐☐☐ .

2 할머니께서 물려주신 이 비녀는 우리 집의 소중한 ☐☐ 야.

241023-0081

4 그림일기를 읽고, 주어진 초성을 참고해서 빈칸에 알맞은 낱말을 써 보세요.

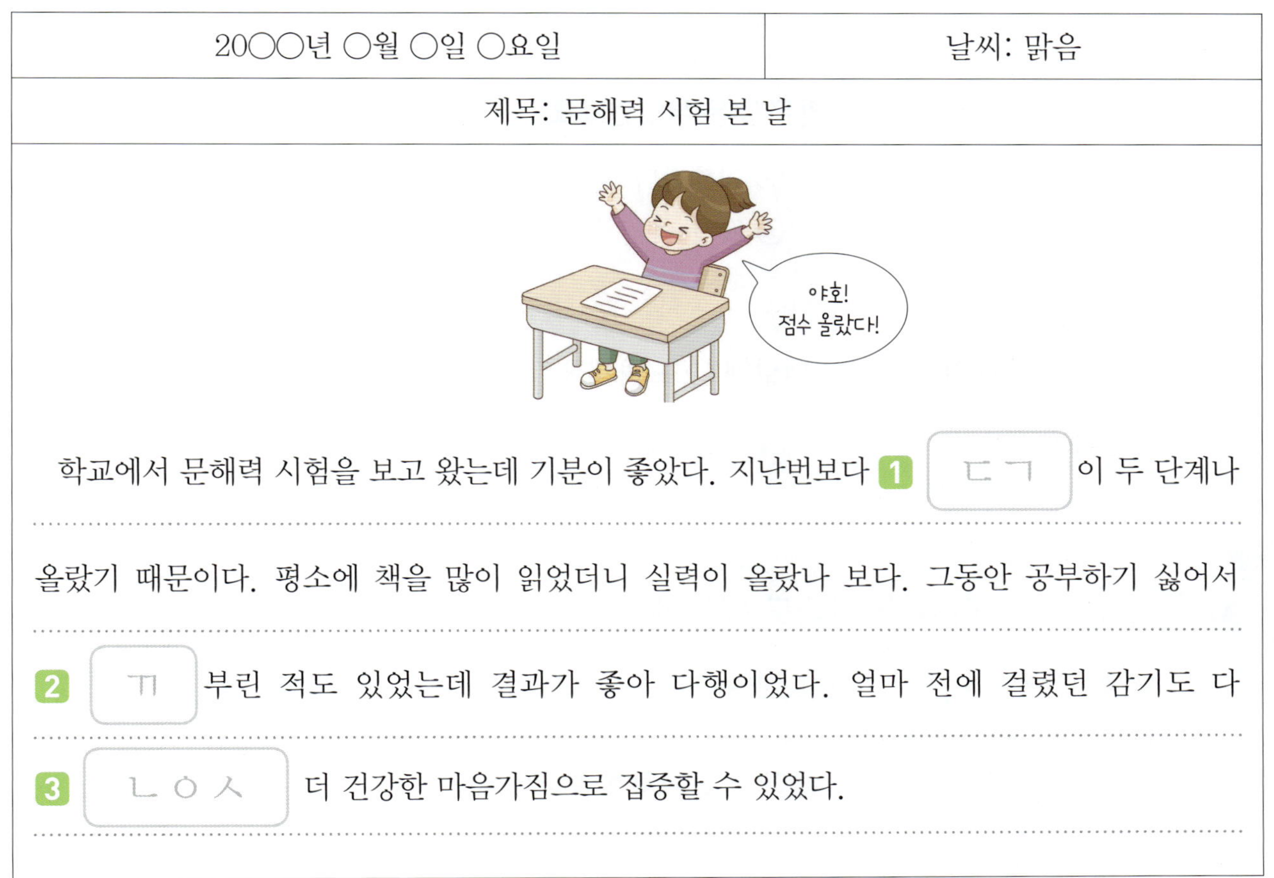

20○○년 ○월 ○일 ○요일	날씨: 맑음

제목: 문해력 시험 본 날

학교에서 문해력 시험을 보고 왔는데 기분이 좋았다. 지난번보다 **1** ㄷㄱ 이 두 단계나

올랐기 때문이다. 평소에 책을 많이 읽었더니 실력이 올랐나 보다. 그동안 공부하기 싫어서

2 ㄲ 부린 적도 있었는데 결과가 좋아 다행이었다. 얼마 전에 걸렸던 감기도 다

3 ㄴㅇㅅ 더 건강한 마음가짐으로 집중할 수 있었다.

💬 **다음 글을 읽고 물음에 답해 보세요.**

　　아주 먼 옛날, 당근 마을에 지혜롭고 꾀 많은 토끼가 살았어요. 토끼는 냄새 맡는 능력도 ㉠탁월해서 썩은 당근과 좋은 당근을 잘 구별할 수 있었어요. 어느 날, 당근 선발 대회를 앞두고 옆집 하마 아주머니가 아주 크고 매끈한 당근을 뽑아 올렸어요. 마을 사람들 모두가 하마 아주머니의 당근을 마을의 보배로 삼으면 좋겠다고 기뻐했어요.

　　하지만 밤이 되자 마음씨 고약한 너구리 아저씨가 못생긴 당근과 하마 아주머니의 당근을 바꿔 버렸어요. 다음 날, 당근 선발 대회가 열렸고 토끼는 좋은 당근을 뽑기 위한 심사를 했어요. 토끼는 냄새를 맡고 너구리 아저씨가 나쁜 짓을 한 것을 단박에 알아차렸어요.

　　"어디 보자. 어느 당근이 더 나을까요?"

　　그리고 너구리가 훔친 당근을 가리키며 "이건 3등급 당근이로군요."라고 말했어요.

　　토끼의 말을 들은 너구리 아저씨는 자기도 모르게 자신이 한 못된 짓을 말해 버렸어요.

　　"무슨 소리야! 그건 내가 하마의 당근을 가져온 것이라서 제일 좋은 당근임에 틀림없다고!"

　　결국 잘못이 탄로 난 너구리 아저씨는 마을 사람들에게 망신을 당했고, 하마 아주머니의 당근이 최고 등급으로 뽑혔답니다.

> 241023-0082

1 윗글에서 토끼의 성격으로 알맞은 것은 무엇인가요? (　　　　)

① 친절하다　　　　② 지혜롭다　　　　③ 어리석다
④ 욕심이 많다.　　⑤ 잘난 척을 잘한다.

> 241023-0083

2 ㉠과 바꿔 쓰기에 가장 알맞은 낱말에 ○표 하세요.

1 우수해서 (　　　　)　　　**2** 평범해서 (　　　　)　　　**3** 다정해서 (　　　　)

어휘 펼치기　　**구슬이 서 말이라도 꿰어야 보배**　아무리 좋은 것이라도 쓸모 있게 만들어 놓아야 값어치가 있다.

　　'서 말'에서 '말'은 동물 '말'이 아니라 양을 재는 단위예요. 아무리 좋은 구슬이 세 말이나 있더라도 흩어져 있으면 아무 쓸모가 없겠지요. 구슬들을 잘 꿰어서 목걸이나 반지, 장신구와 같은 보배로 만들어야 그 가치가 빛나는 거랍니다.

옛이야기를 읽어 보아요

그림으로 생각해 봐요

예절 바른 어린이는 누구일까요?
어린이가 예의 있는 행동을 하고 있는 그림에 ○표 하세요.

아래에 있는 낱말들 중에서 그 뜻을 잘 알고 있는 낱말에 ✓표를 하세요.

- ☐ 조상
- ☐ 예절
- ☐ 전설
- ☐ 나그네
- ☐ 겪다
- ☐ 닷새

조상

한 집안에서 먼저 태어나 살다가 돌아가신 어른.

비슷한말 선조

예절

사람이 사회 생활에서 지켜야 하는 바르고 공손한 태도나 행동.

비슷한말 예의

전설

오래전부터 전해 내려오는 이야기.

비슷한말 설화

나그네

집을 떠나 여행을 하거나 여기저기 옮겨 다니는 사람.

겪다

어렵거나 중요한 일을 당하여 경험하다.

비슷한말 경험하다, 체험하다

닷새

다섯 날.

어휘 더하기

같은 한자로 이루어진 말

효녀 (孝女) — 부모를 잘 섬기는 딸.

효자 (孝子) — 부모를 잘 섬기는 아들.

효 (孝) 효도 효

효심 (孝心) — 부모를 잘 모시어 받드는 마음.

불효 (不孝) — 부모를 잘 모시지 못하고 자식 된 도리를 못함.

예로부터 우리 조상들은 '효(孝, 효도 효)'를 매우 중요하게 여겼어요. '효' 자가 들어간 낱말을 주변에서 찾아보며 부모님께 효도하는 마음을 가져 보세요.

💬 **다음 괄호 안에서 알맞은 낱말을 골라 ○표 하세요.**

1 개구리는 (효심, 불효)이 깊어 돌아가신 아버지의 무덤가에서 슬피 울며 장례를 치렀다.

2 (불효, 효도)하는 것은 자식 된 사람으로서 마땅히 해야 할 도리다.

▶ 241023-0084

1 왼쪽에 있는 낱말을 따라 써 본 후, 오른쪽에서 그 뜻을 찾아 선으로 이어 보세요.

1 겪다 | 겪 | 다 | •

2 나그네 | 나 | 그 | 네 | •

3 닷새 | 닷 | 새 | •

- ㉠ 다섯 날.

- ㉡ 집을 떠나 여행을 하거나 여기저기 옮겨 다니는 사람.

- ㉢ 어렵거나 중요한 일을 당하여 경험하다.

- ㉣ 분명하고 확실하다.

▶ 241023-0085

2 다음 밑줄 친 말 중 나머지 네 개와 <u>다른</u> 뜻을 가진 말은 어느 것인가요? (   )

① 건넛마을 개똥이는 소문난 <u>효</u>자야.
② <u>효</u>녀 심청이 이야기를 아주 재미있게 읽었어.
③ 그 광고는 <u>효</u>과가 아주 커서 사람들의 행동을 바꿨어.
④ <u>효</u>심이 깊은 사람들의 이야기를 모아다가 책으로 만들었대.
⑤ 엄마의 말에 반대로만 하던 청개구리는 불<u>효</u>한 것을 얼마나 후회했을까?

▶ 241023-0086

3 역할극을 준비하는 다인이네 모둠의 모습을 보고, 괄호 안에서 알맞은 낱말을 골라 ○표 하세요.

241023-0087

4 다음 상황을 보고, 밑줄 친 말과 비슷한말을 <보기>에서 골라 써넣으세요.

보기

| 경험한 | 재밌는 | 현명한 | 규칙 | 질서 | 예의 |

241023-0088

5 <보기>의 낱말들은 어디에 숨어 있을까요? 숨어 있는 낱말들을 찾아 ◯표로 묶어 보세요.

보기

| 나그네 | 조상 | 예절 | 효도 | 전설 | 닷새 | 겪다 |

카	리	효	보	사	중
감	나	문	도	장	앙
겨	그	겪	다	전	해
혼	네	속	조	상	전
닷	집	크	라	지	설
새	소	마	예	절	수

정답과 해설 16쪽

💬 **다음 글을 읽고 물음에 답해 보세요.**

　어느 마을에 가난하지만 마음씨 착한 아이가 살고 있었어요. 아이는 열심히 남의 집 밭일을 하다가 숲속에서 깜빡 잠이 들어 버렸어요. 길을 지나가던 나그네는 아이를 깨우고는 "내가 과거를 보러 가는 길인데 잠시 너에게 이 붓을 맡기고 가마."라며 사라졌어요.

　닷새가 지나도록 나그네가 돌아오지 않자 아이는 붓에 물을 묻혀 땅에 그림을 그리기 시작했어요. 그러자 놀라운 일이 벌어졌어요. 갑자기 온갖 어려운 글자들이 저절로 써지는 게 아니겠어요? 아이는 놀라 마을 사람들에게 달려가 겪은 일을 알렸어요. 마을 사람들은 착한 아이에게 조상님이 선물을 주시고 간 게 틀림없다며 그 붓을 잘 간직하라고 말하였어요.

　그리고 아이는 그 붓으로 공부를 열심히 하여, 과거에 급제했고 당당하게 고향으로 돌아왔어요. 아이와 붓의 이야기는 아직도 전설처럼 그 마을에 전해져 내려오고 있답니다.

▶ 241023-0089

1 **길을 지나가던 나그네가 아이에게 준 것은 무엇인가요? (　　　　)**

① 돈　　　　　② 붓　　　　　③ 종이　　　　　④ 벼루　　　　　⑤ 방망이

▶ 241023-0090

2 **아이는 나그네가 돌아오기를 며칠 동안 기다렸나요? (　　　　)**

① 1일　　　　　② 2일　　　　　③ 3일　　　　　④ 4일　　　　　⑤ 5일

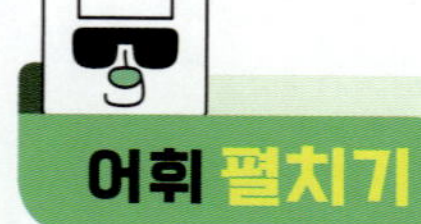
어휘 펼치기

작심삼일 단단히 먹은 마음이 사흘을 가지 못한다.

　닷새는 5일을 뜻하는 순우리말입니다. 그러면 3일을 뜻하는 순우리말은 무엇일까요? 사흘이라고 하지요. 그런데 내가 하려고 했던 굳은 결심이 사흘 만에 흐지부지된다면 어떻게 될까요? '올해부터는 게임 그만해야지.', '오늘부터는 하루에 책 한 권씩은 꼭 읽어야지.' 이런 다짐들이 사흘을 가지 못한다는 뜻으로 결심이 굳지 못함을 이르는 말입니다.

움직임을 표현해 보아요

만화로 생각해 봐요

아래에 있는 낱말들 중에서 그 뜻을 잘 알고 있는 낱말에 ✓표를 하세요.

- ☐ 다짜고짜
- ☐ 쏜살같이
- ☐ 허둥대다
- ☐ 물끄러미
- ☐ 슬금슬금
- ☐ 추격하다

다짜고짜

일의 앞뒤 사정을 알아보거나 이야기하지 않고 바로.

비슷한말 무작정, 무조건

쏜살같이

쏜 화살이 날아가는 것처럼 매우 빠르게.

허둥대다

어찌할 줄을 몰라 이리저리 헤매며 다급하게 서두르다.

물끄러미

가만히 한 자리에서 한 곳만 바라보는 모양.

슬금슬금

남이 알아차리지 못하도록 눈치를 살펴 가면서 슬며시 행동하는 모양.

비슷한말 살금살금, 가만가만

추격하다

앞선 쪽을 잡거나 넘어서려고 공격적으로 뒤쫓아 가다.

비슷한말 뒤쫓다

어휘 더하기

헷갈리는 어휘 '쫓다'와 '좇다'

쫓다　앞선 것을 잡으려고 서둘러 뒤를 따르거나 자취를 따라가다.

좇다　목표, 꿈, 행복 등을 추구하다.

우리가 어떤 대상을 잡으러 갈 때는 '쫓다'라고 하지만, 꿈이나 행복을 추구할 때에는 '좇다'라고 합니다. 언뜻 비슷하게 생긴 낱말이지만 뜻이 다르니 잘 구별해서 써야겠지요.

💬 **다음 괄호 안에서 알맞은 낱말을 골라 ○표 하세요.**

1 경찰이 도둑을 (쫓아간다, 좇아간다).
2 행복을 (좇아, 쫓아) 하루하루 열심히 살아가는 청년의 모습이 아름답다.
3 병아리를 물고 가는 고양이를 (쫓아가는, 좇아가는) 어미 닭의 모습이 가엾다.

▶ 241023-0091

1 다음 낱말을 따라 쓰고, 밑줄 친 낱말이 알맞게 쓰인 것을 <u>모두</u> 찾아 ○표 하세요.

1 허둥대다

허	둥	대	다

① 친구 생일 선물을 사느라 <u>허둥대다가</u> 지각을 했다. (　　　)
② 늦어서 <u>허둥대느라</u> 쓰기 공책을 집에 두고 나왔다. (　　　)
③ 승아의 말에 기분이 나빠서 괜히 미진이에게 <u>허둥댔다</u>. (　　　)

2 슬금슬금

슬	금	슬	금

① 동생은 괜히 <u>슬금슬금</u> 눈치만 보다가 나에게 겨우 말을 걸었다. (　　　)
② 미술 시간에 생각이 떠오르지 않아 <u>슬금슬금</u> 그림을 그렸다. (　　　)
③ 골목길에서 큰 개를 마주친 나는 무서워서 <u>슬금슬금</u> 뒷걸음질을 쳤다. (　　　)

▶ 241023-0092

2 다음 광고문을 보고 빈칸에 들어갈 알맞은 낱말을 <보기>에서 찾아 쓰세요.

보기

다짜고짜	쏜살같이	허둥대다	물끄러미	슬금슬금	추격하다

싹쓸이 청소기

청소기만 보면 시끄러운 소리 때문에 **1** [　　　　] 뒷걸음질하셨나요?

남이 알아차리지 못하도록 눈치를 살펴 가면서 슬며시 행동하는 모양.

먼지가 구석구석 잘 빨아들여지지 않아서 **2** [　　　　] 화부터 내셨나요?

일의 앞뒤 사정을 알아보거나 이야기하지 않고 바로.

이제 걱정하지 마세요. 싹쓸이 청소기 버튼만 누르면 말끔히 해결해 줍니다.

0990-7777-3335로 전화만 주세요.

3 [　　　　] 보내 드립니다.

쏜 화살이 날아가는 것처럼 매우 빠르게.

3 글자 상자에서 글자들이 날아가고 있어요. 오늘 배운 낱말들이 어디에 있는지 찾아서 ◯표로 묶어 보세요.

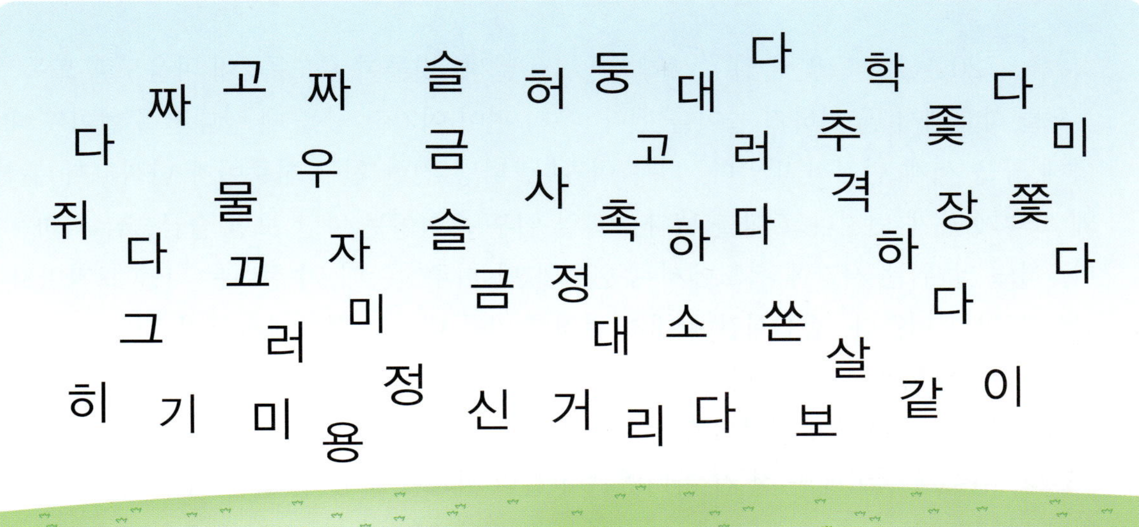

4 **3**에서 찾은 낱말 중 빈칸에 들어갈 알맞은 낱말을 쓰세요.

아빠 사자는 잠든 아기 사자를 ☐☐☐☐☐ 내려다보았다.

5 **3**에서 찾은 낱말 중 빈칸에 들어갈 알맞은 낱말을 찾아 어울리게 바꿔 쓰세요.

💬 **다음 글을 읽고 물음에 답해 보세요.**

> 20○○년 ○월 ○일   날씨: 빗물이 후드득, 내 마음도 후드득
>
> 오늘 학교에서 공 피하기 놀이를 했다. 우리 편이 이기고 있을 때 상대편 수현이가 내 얼굴을 향해 공을 세게 던져서 맞았다. 너무 아팠다. 나랑 친한 친구 하준이가 다짜고짜 수현이에게 왜 그렇게 세게 던지냐고 화를 냈다. 그 일 이후 수현이는 나만 보면 슬금슬금 피하는 눈치였다. 어느 날 쉬는 시간에 복도에서 수현이와 딱 마주쳤는데, 수현이는 나를 보자마자 ㉠쏜살같이 도망가 버렸다. 점심시간에 내가 먼저 용기를 내어 수현이에게 말을 걸었다.
>
> "수현아, 나한테 할 말 없니?"
>
> ㉡수현이는 허둥대며 얼굴이 붉어지더니
>
> "내가 일부러 얼굴에 던진 건 아니었는데 빨리 사과를 못했어. 정말 미안해, 시아야."
>
> 하고 말했다.
>
> 나는 괜찮다고 환하게 웃어 주었다.

▶ 241023-0096

1 ㉠과 바꾸어 쓸 수 있는 낱말에 ○표 하세요.

　1 느릿느릿 (　　　　　)　　　**2** 재빠르게 (　　　　　)　　　**3** 당당하게 (　　　　　)

▶ 241023-0097

2 ㉡에서 알 수 있는 수현이의 마음은 무엇인가요? (　　　　)

① 미안한 마음　　　　② 그리운 마음　　　　③ 짜증 나는 마음

④ 질투 나는 마음　　　　⑤ 화가 나는 마음

어휘 펼치기　　　　　**눈 깜짝할 사이**　매우 짧은 동안.

"눈 깜짝할 사이에 고양이가 생선을 물고 갔어."
"눈 깜짝할 사이에 밥 한 공기를 다 먹었네."
눈을 깜짝해 보세요. 정말 짧은 시간이죠. 그만큼 매우 짧은 순간을 말해요.

15강 사자의 생일 파티

그림으로 생각해 봐요

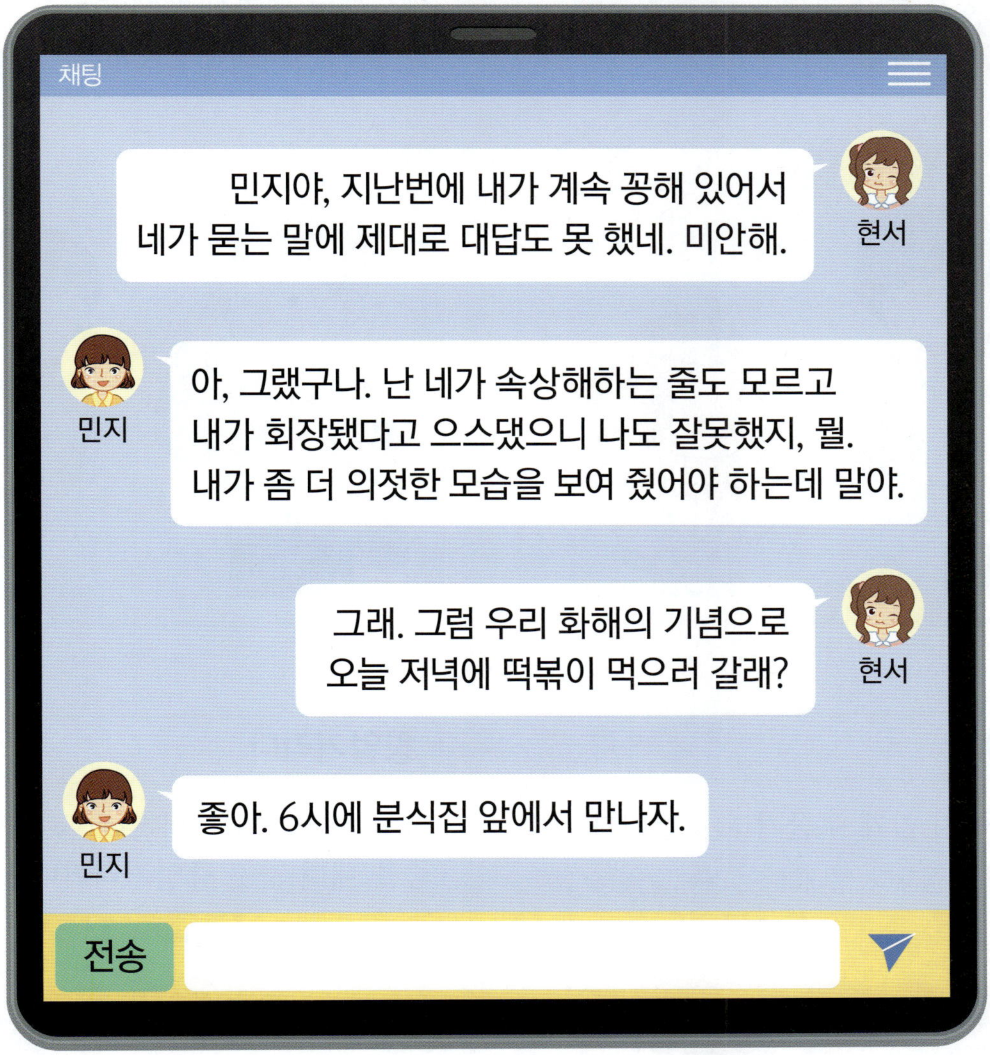

아래에 있는 낱말들 중에서 그 뜻을 잘 알고 있는 낱말에 ✓표를 하세요.

- ☐ 의젓하다
- ☐ 늠름하다
- ☐ 으스대다
- ☐ 칭얼거리다
- ☐ 꽁하다
- ☐ 들썩거리다

의젓하다

말이나 행동 등이 점잖고 무게가 있다.

[비슷한말] 듬직하다

늠름하다

생김새나 태도가 씩씩하고 당당하다.

[비슷한말] 씩씩하다, 당당하다

으스대다

보기에 좋지 않게 우쭐거리며 뽐내다.

[비슷한말] 우쭐대다, 뽐내다.

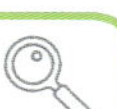

칭얼거리다

몸이 불편하거나 마음에 들지 않아 짜증을 내며 자꾸 중얼거리거나 보채다.

꽁하다

1. 서운한 일을 마음속에 숨기고 속으로 섭섭하고 불만스럽게 여기다.
2. 마음이 좁아 너그럽지 못하다.

들썩거리다

마음이 자꾸 들뜨고 흥분해서 움직이다. 또는 그렇게 하다.

어휘 더하기

헷갈리는 낱말 '띠다'와 '띄다'

띠다

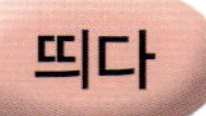
띄다

1. 어떠한 빛깔을 조금 지니거나 나타내다.

붉은빛을 띤 장미

2. 얼굴에 감정을 나타내다.

얼굴에 미소를 띠다.

'띄우다'의 줄임말이다.
공간적으로 거리를 멀어지게 하다.

💬 **다음 괄호 안에서 알맞은 낱말을 골라 ○표 하세요.**

1 한 칸 (띠고, 띄고) 써야지.

2 얼굴에 미소를 (띤, 띈) 친구가 다가와 나에게 말을 걸어 주었다.

3 텃밭에 모종을 심을 때는 간격을 좀 (띠우고, 띄우고) 심어야 한다.

▶ 241023-0098

1 왼쪽에 있는 낱말을 따라 써 본 후, 오른쪽에서 그 뜻을 찾아 선으로 이어 보세요.

1 들썩거리다

들	썩	거	리	다

2 의젓하다

의	젓	하	다

3 꽁하다

꽁	하	다

㉠ 서운한 일을 마음속에 숨기고 속으로 섭섭하고 불만스럽게 여기다.

㉡ 말이나 행동 등이 점잖고 무게가 있다.

㉢ 잘난 듯이 뽐내다.

㉣ 마음이 자꾸 들뜨고 흥분해서 움직이다. 또는 그렇게 하다.

▶ 241023-0099

2 다음 글의 빈칸에 들어갈 낱말을 <보기>에서 찾아 써 보세요.

보기

의젓하여	들썩거려	꽁하는	호탕해서	으스대는

오늘 친구들과 성격 유형 검사를 재미 삼아 했다.

검사 결과지에는 이런 말들이 쓰여 있었다. 친구들이 '딱 네 이야기야!'라며 신기해했다.

성격 검사 결과지

당신의 성격은?

당신은 때론 **1** [   ] 친구들에게 점잖다는 소리를 듣기도 하지만, 친구가 서운하게 할 때는 남모르게 **2** [   ] 등 속앓이를 하는 편입니다.

배려심도 깊은 편이라 잘난 척하며 **3** [   ] 성격과는 거리가 멀고, 속상한 일이 있는 친구에게 먼저 다가가 따뜻한 말을 건넬 줄 아는 사람입니다.

241023-0100

3 빈칸의 초성을 참고하여 주어진 낱말과 뜻이 같거나 비슷한말을 써 보세요.

1 뽐내다

| ㅇ | ㅅ | ㄷ | ㄷ |

보기에 좋지 않게 우쭐거리며 뽐내다.

2 점잖다

| ㅇ | ㅈ | ㅎ | ㄷ |

말이나 행동 등이 점잖고 무게가 있다.

241023-0101

4 사다리 타기 놀이를 하며, 다음 뜻풀이에 해당하는 낱말의 초성을 보고 바르게 완성하여 보세요.

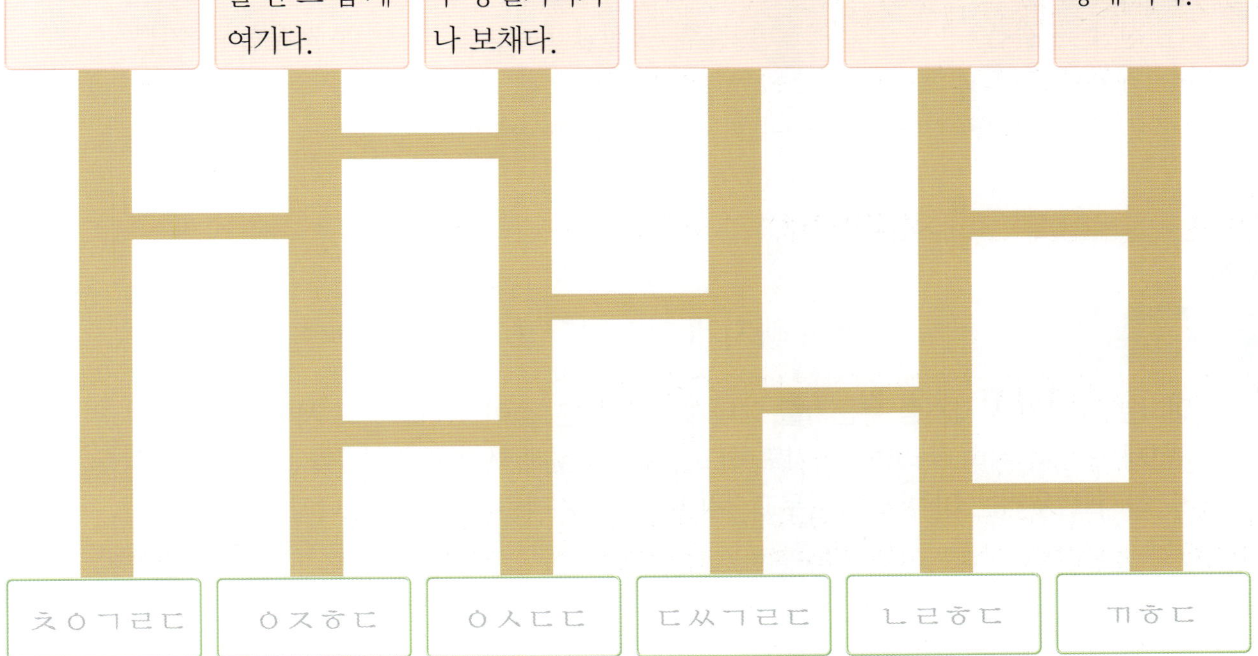

어휘 활용하기

💬 **다음 글을 읽고 물음에 답해 보세요.**

> 오늘은 아기 사자의 생일 파티가 있는 날이에요.
>
> 숲속 동물 친구들이 정성스레 아기 사자의 생일 선물을 준비하였어요. 여우는 자기가 준비한 당근 케이크가 제일 멋진 선물일 거라며 으스댔어요. 토끼도 날쌘 운동화를 선물로 준비했어요. 모두들 아기 사자의 생일 파티에 간다고 들썩거리고 있을 무렵, 고슴도치는 속상해하고 있었어요. 아기 사자를 위해 선물을 살 돈이 없었거든요.
>
> 고슴도치는 고민을 한 뒤, 자기가 키우던 사과나무에서 사과를 따서 껍질에 아기 사자의 얼굴을 새겨 넣었어요. 그리고 밤늦게 사자에게 찾아갔어요. 아기 사자는 자기가 좋아하는 고슴도치만 오지 않았다며 엄마 사자에게 칭얼거리고 있었어요. 꽁해 있던 아기 사자는 고슴도치가 내민 사과를 보고 함박웃음을 지었어요.

▶ 241023-0102

1 사자의 생일 파티에 가지 <u>않은</u> 동물에 ○표 하세요.

1 여우 (　　　)　　**2** 토끼 (　　　)　　**3** 하마 (　　　)　　**4** 고슴도치 (　　　)

▶ 241023-0103

2 사자의 마음은 어떻게 변하였나요? (　　　)

① 신남 → 슬픔　　　　② 질투 → 신남　　　　③ 서운함 → 기쁨
④ 그리움 → 슬픔　　　　⑤ 미안함 → 우울함

어휘 펼치기

목이 빠지게 기다리다 몹시 안타깝게 기다리다.

여러분도 아기 사자처럼 누군가를 애타게 기다려 본 적이 있나요? 그 사람이 언제 오는지 계속 두리번거리기도 하고, 고개를 길게 빼고 종종걸음을 하기도 하지요. 우리는 이런 모습을 두고 '목이 빠지게 기다린다'라고 한답니다.

241023-0104

1 밑줄 친 말을 알맞게 쓴 친구는 누구인지 이름을 쓰세요.

> 진희: 밖에 회오리바람이 부는 것을 보니 파도가 잔잔할 것 같아.
>
> 소라: 소낙비는 금방 그치니까 잠시 여기서 몸을 피하자.
>
> 윤서: 응달은 햇볕 때문에 뜨거우니까 양달로 자리를 옮기자.
>
> 미래: 올해는 흉년일 거야. 비가 적절히 와서 농작물이 잘 자라겠어.

(   )

241023-0105

2 다음 만화의 빈칸에 공통으로 들어갈 말은 무엇인가요? (   )

① 인상   ② 등급   ③ 상장

④ 교훈   ⑤ 실력

241023-0106

3 밑줄 친 낱말의 쓰임이 알맞지 <u>않은</u> 것은 무엇인가요? (   )

① 꿈을 <u>좇아</u> 최선을 다할 거야.   ② 경찰이 도둑을 <u>쫓아가고</u> 있어.

③ 노란빛을 <u>띤</u> 열매가 탐스럽다.   ④ 우리 집 고양이가 새끼를 <u>나았어.</u>

⑤ 감기를 <u>낫게</u> 하려면 가습기를 트는 게 좋아.

▶ 241023-0107

4 이 글의 제목으로 알맞은 것은 무엇인가요? (　　　)

> 　김치는 배추나 무 등의 채소를 소금에 절인 후, 양념에 버무려 만드는 우리의 전통 음식이다. 조상들은 예로부터 사계절을 보내기 위해 채소를 오래 저장할 수 있는 김치를 담갔다. 채소를 소금에 절이면 오래 저장할 수 있기 때문이다. 또한 김치에는 건강에 이로운 유산균이 많아 소화에 탁월한 효과가 있고, 비만을 예방하는 데 도움을 준다는 장점이 있다고 하니, 김치에 담긴 우리 조상들의 지혜를 엿볼 수 있다. 외국에서도 김치의 우수성을 알아보고 관심이 높아지고 있다고 한다. 우리나라의 보물과도 같은 김치에 대해서 더 자세히 알아봐야겠다.

① 김치의 종류　　　② 김치의 재료　　　③ 김치의 단점
④ 김치로 만든 요리　　　⑤ 우리의 보물, 김치

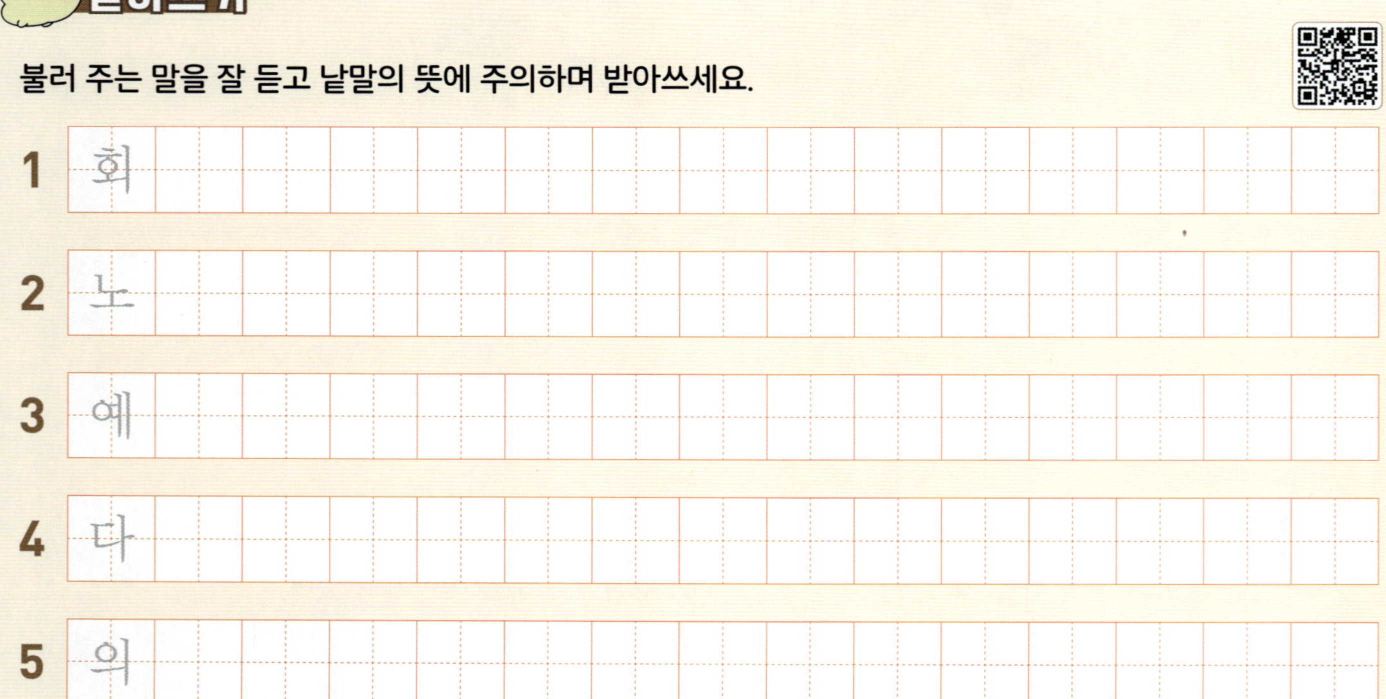

받아쓰기

불러 주는 말을 잘 듣고 낱말의 뜻에 주의하며 받아쓰세요.

1　회
2　노
3　예
4　다
5　의

여러 가지 표지판을 알아보아요

다음 그림들이 무엇을 뜻하는지 바르게 짐작한 내용을 <보기>에서 찾아 번호를 쓰세요.

보기

① 승강기 표시야.

② 공기가 탁하니 환기하라는 뜻인 것 같아.

③ 걷는 사람들이 다니는 도로라는 뜻인 것 같아.

④ 아프거나 나이 드신 분들이 앉는 자리를 표시한 것 같아.

⑤ 불이 나거나 지진이 일어났을 때 이쪽으로 대피하라는 것 같아.

⑥ 여러 사람이 편리하게 쓸 수 있도록 만든 도구나 장소를 뜻하는 것 같아.

1 (　　　)　　　2 (　　　)　　　3 (　　　)

4 (　　　)　　　5 (　　　)　　　6 (　　　)

💬 아래에 있는 낱말들 중에서 그 뜻을 잘 알고 있는 낱말에 ✓표를 하세요.

☐ 환기　　　　☐ 대피하다　　　　☐ 시설물

☐ 승강기　　　　☐ 노약자　　　　☐ 보행

환기

더럽고 탁한 공기를 맑은 공기로 바꿈.

비슷한말 통풍

대피하다

위험을 피해 잠깐 안전한 곳으로 가다.

비슷한말 피신하다

시설물

어떤 목적을 위하여 만들어 놓은 건물이나 도구, 기계, 장치 등의 물건.

승강기

기계를 움직이는 힘을 이용하여 사람이나 짐을 위아래로 나르는 장치.

비슷한말 엘리베이터

노약자

늙거나 약한 사람.

보행

걸어 다님.

어휘 더하기

헷갈리는 어휘 '싸다'와 '쌓다'

싸다

1. 물건이나 사람을 종이나 천 등으로 둘러씌우다.

2. 어떤 물건을 다른 곳으로 옮기기 위하여 상자, 끈, 천 등을 써서 꾸리다.

쌓다

1. 여러 개의 물건을 겹겹이 포개다.

2. 물건을 겹겹이 포개어 구조물을 만들다.

💬 **다음 괄호 안에서 알맞은 낱말을 골라 ○표 하세요.**

1 학교 가기 전에 준비물을 확인해서 가방은 스스로 (싸요, 쌓아요).

2 친구 줄 생일 선물, 이 포장지에 (쌓아서, 싸서) 주는 것은 어때?

3 책을 바닥에 대충 (쌓아, 싸) 두면 걸려 넘어질 수 있어요.

▶ 241023-0108

1 왼쪽에 있는 낱말을 따라 써 본 후, 오른쪽에서 그 뜻을 찾아 선으로 이어 보세요.

1 대피하다　대 피 하 다

2 노약자　노 약 자

3 승강기　승 강 기

㉠ 위험을 피해 잠깐 안전한 곳으로 가다.

㉡ 기계를 움직이는 힘을 이용하여 사람이나 짐을 위아래로 나르는 장치.

㉢ 걸어 다님.

㉣ 늙거나 약한 사람.

▶ 241023-0109

2 다음은 학교에서 안전한 생활을 하자는 내용의 글입니다. 빈칸에 들어갈 말을 <보기>에서 골라 쓰세요.

보기

| 시설물 | 보행 | 노약자 | 환기 | 대피하다 | 승강기 |

요즘 학교에서 계단 대신 **1** [　　　] 를 이용하는 학생들이 부쩍 늘고 있습니다. 그래서 정작 승강기를 타야 하는 사람들이 제때 타지 못해 불편해하는 일도 늘어나고 있습니다. 승강기는 보행이 불편한 **2** [　　　] 들이 탈 수 있도록 양보합시다.

승강기 외에도 학교에 있는 벤치, 계단 등 여러 **3** [　　　] 들을 이용할 때는 다른 사람을 배려합시다.

241023-0110

3 민지가 안전하게 방 탈출을 할 수 있도록 곳곳에 숨어 있는 단서를 찾아 문제를 풀어 주세요.

붙임 딱지1 활용

도움말

❶ 서랍 속 쪽지를 찾아 답을 맞히면 붙임 딱지의 망치로 문을 부수고 나가시오.

❷ 책상 위의 편지를 읽고 편지의 내용이 맞는다고 생각하면 빨간 문, 틀리다고 생각하면 파란 문으로 나가시오.

❸ 답을 쓰고 붙임 딱지의 열쇠로 문을 따고 나가시오.

❹ 괄호 안에서 적당한 낱말을 찾고 답을 맞히면 붙임 딱지의 빨간 버튼을 붙이시오. 문이 열립니다.

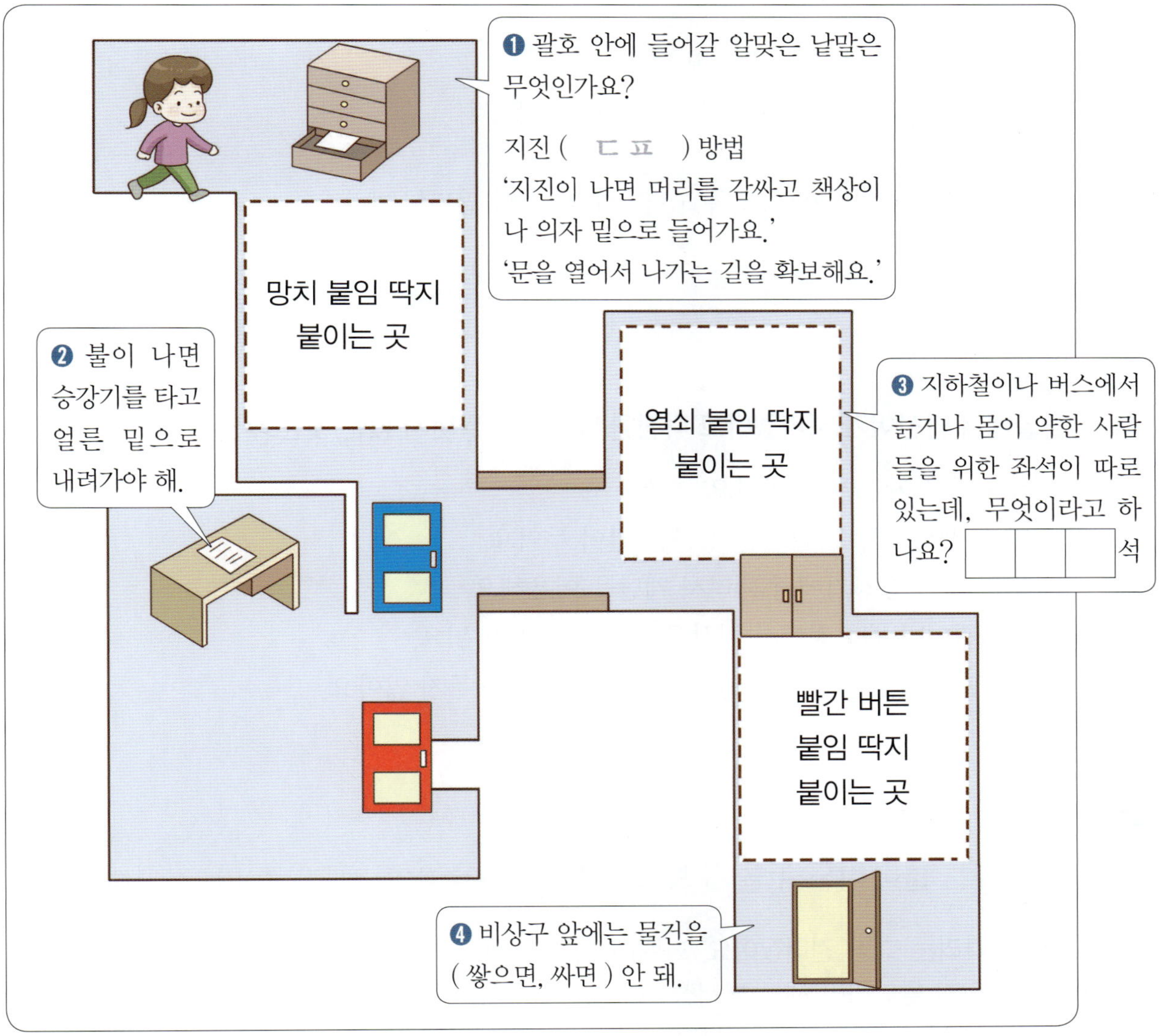

💬 **다음 글을 읽고 물음에 답해 보세요.**

119 구조대원 아저씨께

아저씨, 안녕하세요. 저는 행복 초등학교 1학년 3반 김안전입니다. 학교에서 안전에 대해 배우고 감사하는 마음으로 편지를 써요.

- 시설물에서 대피하기 위해서는 비상구를 잘 알아 둘 것.
- 아파트 비상구 주변에는 물건을 쌓아 두지 않을 것.
- 보행자 도로로만 걸어 다닐 것.
- 불이 나면 승강기를 타지 않을 것.
- 미세 먼지가 많은 날에는 환기하지 않을 것.

저도 안전하게 생활하도록 노력할게요. 그럼 안녕히 계세요.

20○○년 ○월 ○일
김안전 올림

▶ 241023-0111

1 윗글에서 안전이가 지키겠다고 다짐한 내용으로 알맞지 <u>않은</u> 것은 무엇인가요? (　　　)

① 차도로 걸어 다니지 않아요.
② 미세 먼지가 많은 날에는 창문을 열어 두어요.
③ 불이 나면 승강기에서 내려서 계단을 이용해요.
④ 영화관이나 백화점에서 비상구의 위치를 알아 둬요.
⑤ 아파트에서 비상구를 확인하고 주변에 물건을 두지 않아요.

어휘 펼치기　**돌다리도 두들겨 보고 건너라**　아무리 확실한 일이라도 조심하고 신중해야 한다.

보통 돌다리는 그냥 건너잖아요. 그런데 왜 두들겨 보고 건너라는 걸까요? 아무리 단단한 돌다리라 해도 부서졌거나 미끄러울 수 있기 때문이에요. 쉽고 잘 아는 일이라도 꼼꼼하게 확인하고 조심하라는 말이랍니다.

식물을 키워 보아요

수수께끼로 생각해 봐요

💬 아래에 있는 낱말들 중에서 그 뜻을 잘 알고 있는 낱말에 ✔표를 하세요.

☐ 틔우다	☐ 대롱대롱	☐ 맺히다
☐ 송알송알	☐ 꽂다	☐ 뿜다

티우다

싹이나 움 등을 트게 하다.

대롱대롱

작은 물건이 매달려 가볍게 자꾸 흔들리는 모양.

맺히다

액체가 작은 방울을 지어 매달리다.

송알송알

크기가 작은 땀방울이나 물방울, 열매 등이 많이 맺힌 모양.

꽂다

일정한 곳에 끼워 넣거나 세우다.

비슷한말 끼우다, 박다

뿜다

속에 있는 것을 밖으로 세게 밀어 내다.

어휘 더하기

헷갈리는 어휘 '담그다'

1. 액체 속에 넣다.

2. 김치, 술, 장, 젓갈 등의 음식이 익거나 발효되도록 재료를 뒤섞어 그릇에 넣어 두다.

담그다? 담구다? 어떤 표현이 맞을까요?

이는 틀리기 쉬운 말로 '담그다'가 옳은 표현이고 '담구다'라는 말은 사투리랍니다. '담그다'는 앞뒤에 어떤 말이 오느냐에 따라서 '담가, 담그니, 담그고, 담갔다'로 쓰이기도 하지요.

💬 **다음 괄호 안에서 알맞은 낱말을 골라 ○표 하세요.**

1 김치를 (담구다, 담그다).

2 포도주를 (담갔어, 담궜어).

3 시원한 물에 수박을 (담그다, 담구다).

241023-0112

1 왼쪽에 있는 낱말을 따라 써 본 후, 오른쪽에서 그 뜻을 찾아 선으로 이어 보세요.

1 뽑다 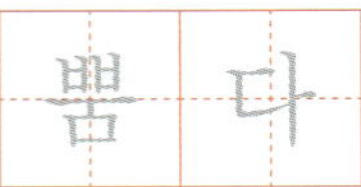

2 송알송알 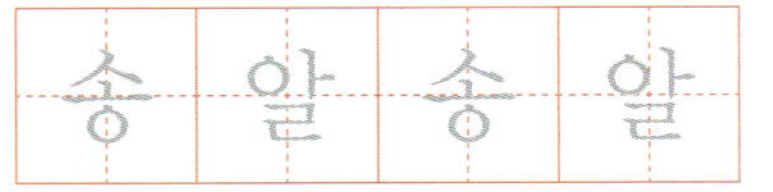

3 틔우다 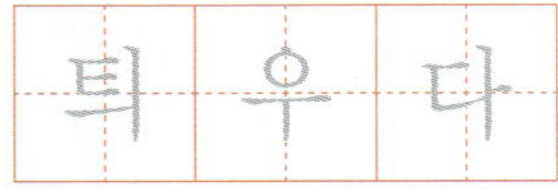

• ㉠ 속에 있는 것을 밖으로 세게 밀어내다.

• ㉡ 크기가 작은 땀방울이나 물방울, 열매 등이 많이 맺힌 모양.

• ㉢ 작은 물건이 매달려 가볍게 자꾸 흔들리는 모양.

• ㉣ 싹이나 움 등을 트게 하다.

241023-0113

2 다음 문장이 자연스럽게 이어지도록 알맞은 낱말과, 문장에 어울리는 그림을 찾아 선으로 이어 보세요.

1 이슬이 •

2 팻말을 •

3 싹을 •

• ㉠ 꽂았습니다.

• ㉡ 틔웠습니다.

• ㉢ 맺혔습니다.

241023-0114

3 밑줄 친 말 중 나머지 네 개와 다른 뜻을 가진 것은 어느 것인가요? (   )

① 저 꽃잎에 <u>맺힌</u> 이슬 좀 봐.　　　　② 이마에 땀이 송글송글 <u>맺혔다</u>.

③ 지연이의 눈에 눈물이 <u>맺혔다</u>.　　　④ 감나무에 아직 열매가 <u>맺히지</u> 않았어.

⑤ 목욕하고 나니 거울에 물방울이 <u>맺혀</u> 있었어.

241023-0115

4 다음 도형에는 어떤 그림이 숨어 있을까요? <도움말>에서 빈칸에 들어갈 말의 번호를 찾아 해당 색깔로 색칠해 보세요.

도움말

• 노란색: 고래가 물을 [   ] 그림을 그렸어요.

• 연두색: 콧등에 땀방울이 [   ] 맺혀 있어.

• 초록색: 새끼 원숭이가 높은 나무에 [   ] 매달려 있어.

• 하늘색: 봄비가 내리니 이제 싹을 [   ] 것 같아.

• 갈색: 매실청을 [   ] 할머니께 드리자.

❶ 뿜는　　❷ 대롱대롱　　❸ 주룩주룩　　❹ 틔울　　❺ 담가서　　❻ 송알송알　　❼ 꽂아

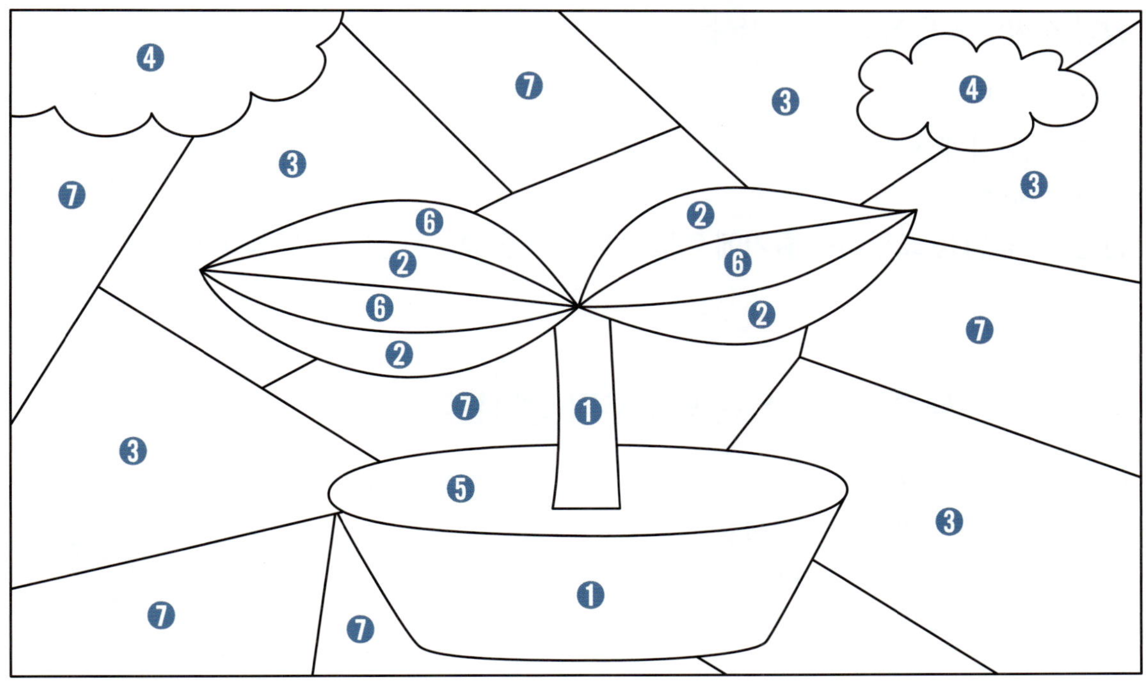

💬 다음 글을 읽고 물음에 답해 보세요.

강낭콩 관찰 일지 (20○○년 ○월 ○일 ~ ○월 ○일)

1 싹을 쉽게 틔우려고 강낭콩 씨앗을 물에 담가 불렸다.

2 씨앗을 화분에 심고 팻말을 흙 속에 꽂았다.

3 며칠 뒤 흙 속 씨앗에서 싹을 틔워 새싹이 나왔다.

4 물을 줬더니 물방울이 송알송알 이파리에 맺혔다.

5 한 달 뒤 꼬투리가 줄기에 대롱대롱 매달려 있었다.

6 화분을 볼 때마다 행복이 뿜어져 나오는 것 같다.

▶ 241023-0116

1 강낭콩 씨앗을 물에 담그는 이유는 무엇인가요? (   )

① 씨앗을 먹기 위해서　　② 씨앗이 더럽기 때문에　　③ 씨앗에게 영양분을 주려고

④ 씨앗을 작게 하기 위해서　　⑤ 씨앗을 불려 싹을 쉽게 틔우려고

▶ 241023-0117

2 한 달 뒤 강낭콩 꼬투리는 줄기에 어떻게 매달려 있었는지 윗글에서 찾아 네 글자로 쓰세요.

(   )

어휘 펼치기　　**될성부른 나무는 떡잎부터 알아본다** 잘될 사람은 어려서부터 남달리 장래성이 엿보인다.

　　떡잎은 움이 트면서 처음으로 나오는 잎이에요. 이 떡잎이 상태가 좋아야 나무가 무럭무럭 자라겠지요? '될성부른'은 앞으로 잘될 가망성이 있어 보인다는 뜻이에요. 이처럼 사람도 어릴 적 모습을 보면 훌륭한 사람이 될 수 있을지 알 수 있다는 이야기랍니다.

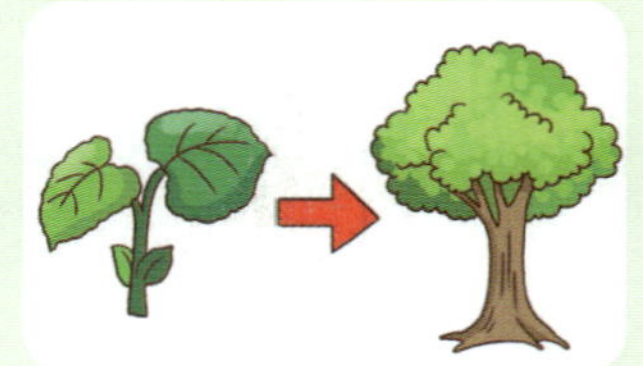

글씨를 바르게 쓰는 방법을 익혀요

그림으로 생각해 봐요

다음 중 글씨를 쓸 때의 바른 자세를 골라 ○표 하세요.

아래에 있는 낱말들 중에서 그 뜻을 잘 알고 있는 낱말에 ✓표를 하세요.

☐ 마음가짐	☐ 자세	☐ 꾸준하다
☐ 실천하다	☐ 또박또박	☐ 익히다

마음가짐

어떤 일에 대해 마음을 쓰는 자세나 태도.

자세

1. 몸을 움직이거나 가누는 태도.
2. 어떤 일을 대하는 마음가짐이나 정신적인 태도.

꾸준하다

거의 변함이 없이 한결같다.

거북이는 토끼보다 걸음은 느렸지만. 포기하지 않고 꾸준히 달려 결국 달리기에서 우승을 했어요.

실천하다

생각한 것을 실제 행동으로 옮기다.

비슷한말 실행하다

또박또박

1. 말이나 글씨 등이 분명하고 또렷한 모양.
2. 규칙이나 차례 등을 한 번도 어기지 않고 지키는 모양.

익히다

1. 자주 경험하여 조금도 서투르지 않게 하다.
2. 자주 경험하여 낯설지 않게 하다.

어휘 더하기

'사흘'과 '나흘'

누군가 "오늘부터 사흘간 도서관 문을 닫아."라고 말한다면 정확히 며칠 동안 도서관 문을 닫는다는 뜻일까요? '사흘'이니 4일을 뜻하는 것일까요? 1일부터 10일까지를 순우리말로 표현하는 방법을 알아봅시다.

1일	2일	3일	4일	5일	6일	7일	8일	9일	10일
하루	이틀	사흘	나흘	닷새	엿새	이레	여드레	아흐레	열흘

'사흘'은 '세 날'을, '나흘'은 '네 날'을 뜻합니다. 즉 사흘은 3일, 나흘은 4일의 순우리말 표현입니다. 그러니 "오늘부터 사흘간 도서관 문을 닫아."라는 말은 오늘부터 3일간 도서관 문을 닫는다는 뜻입니다. 1일부터 10일까지를 나타내는 순우리말은 하루, 이틀, 사흘, 나흘, 닷새, 엿새, 이레, 여드레, 아흐레, 열흘입니다.

💬 **다음의 낱말을 순우리말로 바꾸어 써 보세요.**

1 2일 → (   )　　**2** 3일 → (   )　　**3** 4일 → (   )

▶ 241023-0118

1 왼쪽에 있는 낱말을 따라 써 본 후, 오른쪽에서 그 뜻을 찾아 선으로 이어 보세요.

1 자세　　자 세　　　　•　　　•　㉠ 거의 변함이 없이 한결같다.

2 꾸준하다　　꾸 준 하 다　　•　　　•　㉡ 생각한 것을 실제 행동으로 옮기다.

3 실천하다　　실 천 하 다　　•　　　•　㉢ 몸을 움직이거나 가누는 태도.

▶ 241023-0119

2 밑줄 친 낱말을 알맞게 사용한 친구를 모두 골라 ○표 하세요.

1

2

3

4

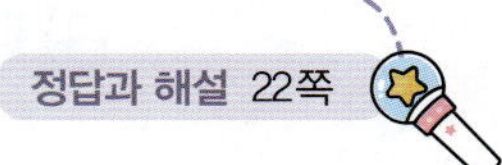

241023-0120

3 다음의 설명에 해당하는 날짜를 <u>모두</u> 찾아 달력에 ○표 하세요.

1 우리 가족은 오늘부터 <u>사흘간</u> 가족 여행을 떠납니다.

2 학교 앞 공원에서 오늘부터 <u>나흘간</u> 알뜰 시장이 열립니다.

241023-0121

4 다음 설명에 어울리는 낱말을 그림에서 찾아 짝 지어진 색깔로 색칠하세요.

- **빨간색**: '어떤 일에 대해 마음을 쓰는 자세나 태도.'라는 뜻을 가진 낱말

- **파란색**: '자주 경험하여 조금도 서투르지 않게 하다.' 또는 '자주 경험하여 낯설지 않게 하다.'라는 뜻을 가진 낱말

- **노란색**: '실행하다'와 뜻이 비슷한 낱말

- **분홍색**: '말이나 글씨 등이 분명하고 또렷한 모양.'을 뜻하는 낱말

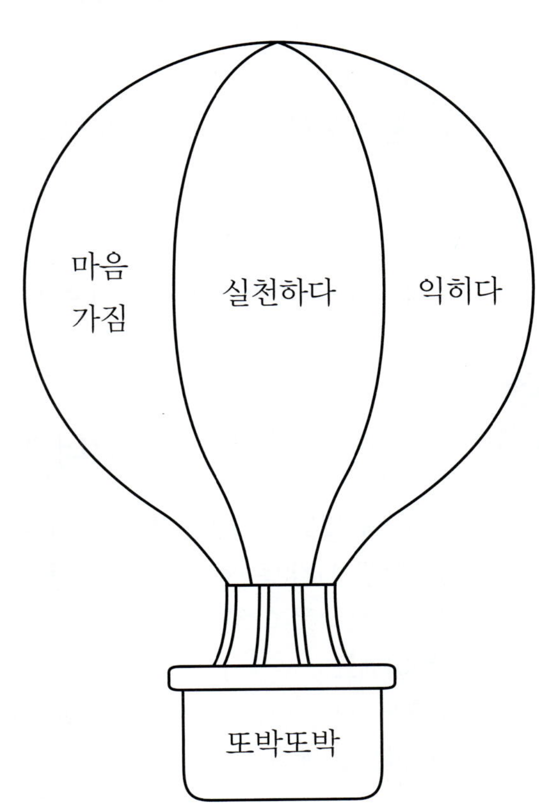

정답과 해설 22쪽

💬 **다음 글을 읽고 물음에 답해 보세요.**

글씨를 바르게 쓰는 것은 나의 올바른 마음가짐을 보여 주는 것과 같아요. 글씨를 바르게 쓰려면 어떻게 해야 할까요?

먼저 글씨를 쓸 때 바른 자세를 하는 것이 중요해요. 의자를 책상 앞으로 당겨 허리를 펴고 앉아요. 첫 번째와 두 번째 손가락으로 연필을 가볍게 쥐고, 세 번째 손가락으로 연필을 받쳐요. 바른 자세를 익히면 글씨도 바르게 쓸 수 있어요.

이제 손에 힘을 주어 글씨를 또박또박 쓰는 연습을 해 볼까요? 손가락에 힘이 부족한 친구들은 줄을 반듯하게 긋는 연습을 하는 것도 도움이 돼요.

바른 글씨를 쓰기 위해 가장 중요한 것은 포기하지 않고 꾸준히 연습하는 것이에요. 우리 친구들도 오늘부터 바른 글씨 쓰기를 실천해 봐요.

▶ 241023-0122

1 **윗글의 중심 내용으로 가장 알맞은 것은 무엇인가요? (   )**

① 글을 읽는 방법
② 의자에 앉는 방법
③ 줄 긋기를 하는 방법
④ 글씨를 바르게 쓰는 방법
⑤ 나의 마음을 보여 주는 방법

▶ 241023-0123

2 **글씨를 바르게 쓰기 위해 가장 중요한 것은 무엇인가요? (   )**

① 비싼 학용품을 사용하기
② 글씨를 무조건 크게 쓰기
③ 연필 대신 샤프를 사용하기
④ 포기하지 않고 꾸준히 연습하기
⑤ 의자가 아닌 바닥에 앉아서 글씨 쓰기

어휘 펼치기   **공든 탑이 무너지랴** 어떤 일이든 최선을 다하면 좋은 결과를 얻을 수 있다.

돌로 탑을 쌓을 때 대충 쌓아서 빈틈이 생긴다면 언젠간 무너지고 말겠죠. 하지만 오랜 시간 동안 하나하나 공들여 쌓은 탑은 쉽게 무너지지 않아요. 어떤 일이든 정성을 다하고 최선을 다하면 노력한 만큼 좋은 결과를 얻을 수 있다는 뜻이에요.

'무너지랴'라는 말은 '무너질 리 없다.'라는 뜻을 강조하기 위해 물어보는 것처럼 표현한 거예요.

19강 즐거운 체험 학습 가는 날

그림으로 생각해 봐요

친구들 또는 가족과 함께 체험 학습을 다녀온 경험을 떠올려 보고, 그때의 기분을 표정이나 몸 동작으로 표현해 보세요.

💬 아래에 있는 낱말들 중에서 그 뜻을 잘 알고 있는 낱말에 ✓표를 하세요.

- ☐ 오전
- ☐ 오후
- ☐ 왁자지껄
- ☐ 체험 학습
- ☐ 표정
- ☐ 쨍쨍

오전

밤 열두 시부터 낮 열두 시까지의 동안.

반대말 오후

오후

낮 열두 시부터 밤 열두 시까지의 동안.

반대말 오전

왁자지껄

여럿이 한데 모여 시끄럽게 떠드는 소리나 모양.

체험 학습

교실 밖에서 체험을 중심으로 이루어지는 학습.

표정

마음속에 품은 감정이나 생각 등이 얼굴에 드러난 모습.

[비슷한말] 낯빛

쨍쨍

햇볕이 몹시 내리쬐는 모양.

어휘 더하기

'잇다'와 '잊다'

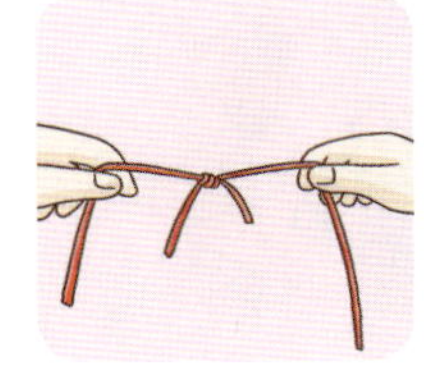  잇다

실, 끈, 조각 등의 두 끝을 맞대어 붙이거나, 많은 사람이나 물체가 줄을 이루어 서는 것을 말해요.
㉑ 끊어진 실을 잇다.

  잊다

한번 알았던 것이나 기억해야 할 것을 생각해 내지 못하는 것을 말해요.
㉑ 준비물을 가져오는 것을 잊다.

💬 다음 그림을 보고 괄호 안에서 알맞은 낱말을 골라 ○표 하세요.

1  중요한 약속을 (잇다, 잊다).

2  사람들이 줄을 (잇다, 잊다).

241023-0124

1 왼쪽에 있는 낱말을 따라 써 본 후, 오른쪽에서 그 뜻을 찾아 선으로 이어 보세요.

1 표정   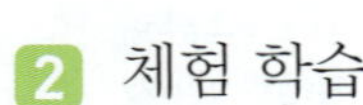 •

2 체험 학습   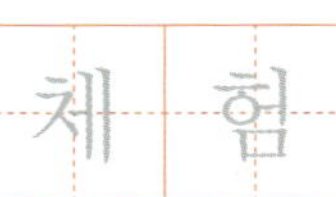 •

3 오전    •

㉠ 밤 열두 시부터 낮 열두 시까지의 동안.

㉡ 마음속에 품은 감정이나 생각 등이 얼굴에 드러난 모습.

㉢ 교실 밖에서 체험을 중심으로 이루어지는 학습.

241023-0125

2 다음 낱말과 어울리는 그림을 골라 ○표 하세요.

1 오후   ㉠    ㉡ 

2 왁자지껄   ㉠    ㉡ 

3 쨍쨍   ㉠    ㉡ 

241023-0126

3 '잇다'와 '잊다' 중 다음의 상황에 어울리는 낱말을 골라 ○표 하고, 고른 낱말을 문장에 어울리게 빈칸에 바꾸어 써 보세요.

1

(잇다, 잊다)

이 다리는 마을과 마을을 (   ) 역할을 해요.

2

(잇다, 잊다)

일기를 쓰면 그날 있었던 일을 (   ) 않고 오래 기억할 수 있어요.

241023-0127

4 뜻에 알맞은 낱말이 쓰인 퍼즐 조각을 찾아 선으로 이어 보세요.

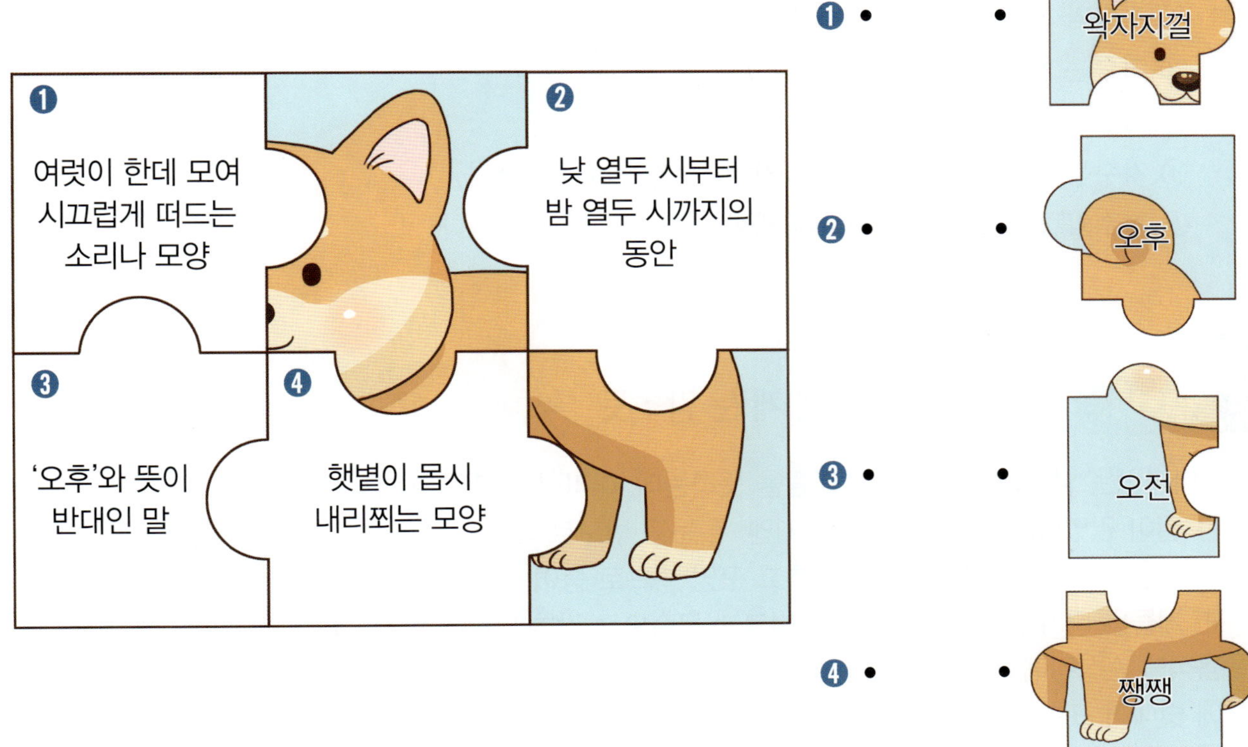

어휘 활용하기

💬 '지수의 일기'를 읽고 물음에 답해 보세요.

> 20○○년 ○월 ○일　　　　　　날씨: 햇볕이 쨍쨍
>
> ### 즐거운 체험 학습
>
> 　체험 학습 날 아침, 학교에 모인 친구들의 표정에는 설렘이 가득했다. 우리가 탄 버스는 오전 9시에 출발했다. 짝과 함께 왁자지껄 떠드는 소리가 버스 안을 가득 채웠다. 버스를 타고 30분 정도를 달려 식물원에 도착한 우리는 활짝 핀 꽃들과 여러 가지 나무를 보았다. 열심히 활동하다 보니 배가 고파 부모님이 점심으로 싸 주신 맛있는 도시락을 마파람에 게 눈 감추듯 먹어 버렸다. 오후에는 친구들과 술래잡기와 수건돌리기를 하며 재미있게 놀았다. 교실에서 공부하는 것도 재미있지만, 이렇게 밖에 나와 친구들과 다양한 식물도 보고 뛰어놀 수 있어서 정말 즐거운 하루였다.

▶ 241023-0128

1 지수와 친구들이 체험 학습을 간 장소는 어디인지 쓰세요.　　　　(　　　　　　　　　　)

▶ 241023-0129

2 윗글에 대한 설명으로 옳지 <u>않은</u> 것은 무엇인가요? (　　　　)

① 지수와 친구들은 학교에서 식물원으로 체험 학습을 갔다.
② 지수는 체험 학습을 가서 꽃과 나무를 보았다.
③ 지수가 체험 학습을 간 날의 날씨는 매우 흐렸다.
④ 지수는 오후에 친구들과 술래잡기, 수건돌리기를 했다.
⑤ 지수와 친구들은 오전 9시에 체험 학습 장소로 출발했다.

어휘 펼치기

마파람에 게 눈 감추듯 음식을 매우 빨리 먹어 버린다는 뜻.

　마파람은 남쪽에서 불어오는 바람을 뜻하는데, 마파람이 불면 대개 비가 오는 일이 많았다고 해요. 게는 평상시엔 두 눈을 밖으로 내놓고 돌아다니지만, 위험한 상황이 생기면 두 눈을 감추고 구멍 속으로 숨어 버려요. 마파람이 불면 게들은 비가 올 것을 알고 눈을 빠르게 몸속으로 감추어 버리는 것이죠. 즉 음식을 순식간에 먹는 모습을 마파람이 불면 게가 재빠르게 눈을 감추는 모습에 빗대어 표현한 것이랍니다.

친구들과 연극 발표회를 해요

1 다음은 「흥부와 놀부」 이야기의 일부분입니다. 아래 그림에서 「흥부와 놀부」에 나오는 인물을 <u>모두</u> 찾아 ○표 하세요.

> 욕심쟁이 형 놀부는 아버지가 돌아가신 후 착한 동생 흥부를 내쫓았어요. 가난했지만 마음은 착했던 흥부는 어느 날 다리를 다친 채 마당에 떨어져 있는 제비를 보고, 정성껏 약을 발라 치료해서 날려 보냈어요. 다음 해에 다시 돌아온 제비는 박 씨앗 한 알을 흥부에게 주었고, 흥부는 그 씨앗을 앞마당에 심었어요. 가을이 되어 박을 타 보니, 그 속에서 금은보화가 쏟아져 흥부는 하루아침에 부자가 되었어요.

| 흥부 | 놀부 | 거북이 | 제비 |

2 다음 동물을 실감 나게 흉내 내어 보세요.

💬 아래에 있는 낱말들 중에서 그 뜻을 잘 알고 있는 낱말에 ✔표를 하세요.

☐ 실감 나다 ☐ 흉내 내다 ☐ 바라보다

☐ 경험 ☐ 등장인물 ☐ 소개

실감 나다 

실제로 겪고 있다는 느낌이 들다.

흉내 내다 

다른 사람 또는 동물의 말, 소리, 행동
등을 그대로 옮기다.

비슷한말 시늉하다

바라보다 

(어떤 대상을) 바로 향해 보다.

경험 

자신이 실제로 해 보거나 겪어 봄.

비슷한말 체험

등장인물

소설, 연극, 영화 등에 나오는 인물.

소개

1. 서로 모르는 사람들 사이에서 양쪽이 알고 지내도록 관계를 맺어 줌.
2. 모르는 사실이나 내용을 잘 알도록 해 주는 설명.

어휘 더하기

'망아지'와 '송아지'

사람을 나이에 따라 어른과 아이로 다르게 부르는 것처럼 새끼를 부르는 말이 따로 있는 동물들도 있어요. 낳은 지 얼마 안 되는 고양이는 '새끼 고양이'라고 하지만 어린 개는 '강아지'라고 불러요. '강아지'처럼 동물의 새끼를 부르는 말에는 무엇이 있을까요?

어린 개 → 강아지   어린 닭 → 병아리   어린 말 → 망아지   어린 소 → 송아지

💬 다음 사진 속 동물의 새끼를 부르는 낱말에 ○표 하세요.

1  (꺼병이, 망아지)

2  (송아지, 고도리)

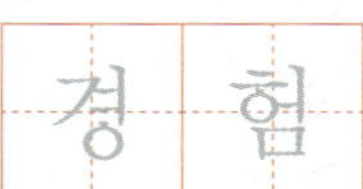

▶ 241023-0130

1 왼쪽에 있는 낱말을 따라 써 본 후, 오른쪽에서 그 뜻을 찾아 선으로 이어 보세요.

1 바라보다 　바 라 보 다　•

　•　㉠ (어떤 대상을) 바로 향해 보다.

2 흉내 내다 　흉 내 내 다　•

　•　㉡ 자신이 실제로 해 보거나 겪어 봄.

3 경험 　경 험　•

　•　㉢ 다른 사람 또는 동물의 말, 소리, 행동 등을 그대로 옮기다.

▶ 241023-0131

2 다음 빈칸에 공통으로 들어갈 낱말을 써 보세요.

1
- 이 영화의 　　　　 은 모두 7명이다.
- 이야기 「흥부와 놀부」의 　　　　 중 주인공은 흥부와 놀부다.
- 연극이나 영화에 나오는 인물을 　　　　 이라고 한다.

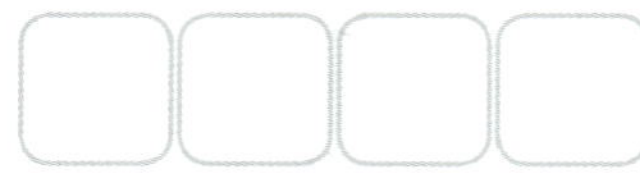

2
- 이야기책의 첫 번째 장에는 책을 쓴 사람에 대한 　　 가 나와 있다.
- 퀴즈 쇼의 사회자가 출연자에게 줄 상품을 　　 했다.
- 새로운 짝에게 내 　　 를 했다.

▶ 241023-0132

3 다음 밑줄 친 말과 뜻이 비슷하여 바꿔 쓸 수 있는 낱말을 <보기>에서 골라 써 보세요.

보기

실감 나다　　흉내 내다　　바라보다　　경험　　소개

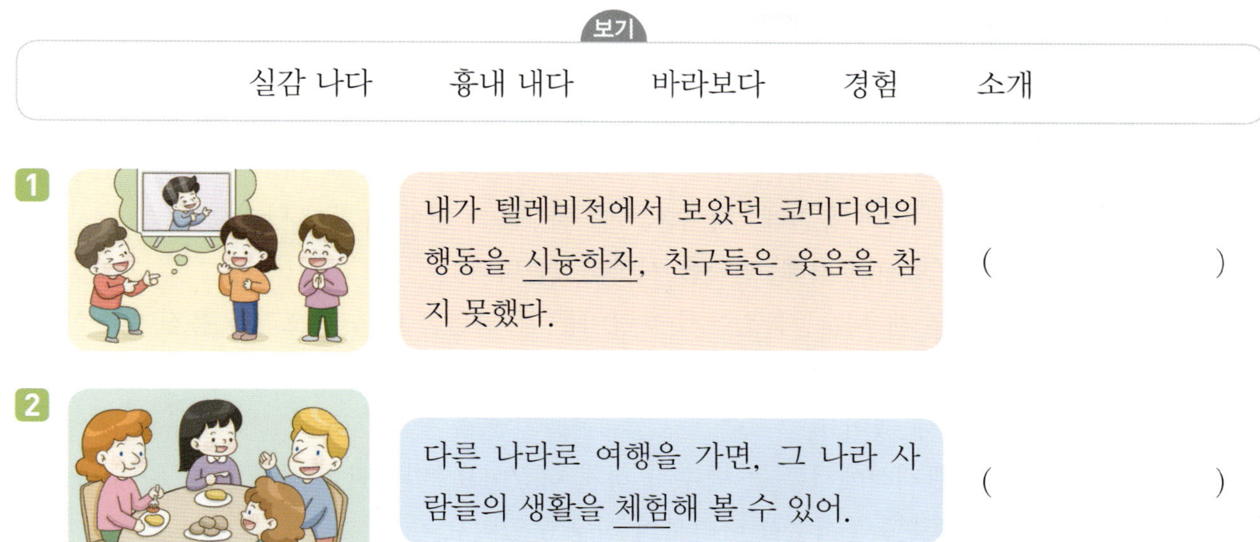

1 내가 텔레비전에서 보았던 코미디언의 행동을 <u>시늉하자</u>, 친구들은 웃음을 참지 못했다.　（　　　　　）

2 다른 나라로 여행을 가면, 그 나라 사람들의 생활을 <u>체험</u>해 볼 수 있어.　（　　　　　）

▶ 241023-0133

4 다람쥐가 도토리를 찾아갈 수 있도록 아래 미로에서 길을 찾아 주세요.

도움말

❶ '실제로 겪고 있다는 느낌이 들다.'라는 뜻을 가진 말은 무엇일까요?

❷ '앞사람의 눈을 똑바로 （　　　　）.'에서 （　　　　） 안에 들어갈 말은 무엇일까요?

❸ '자신이 실제로 해 보거나 겪어 봄.'이라는 뜻을 가진 말은 무엇일까요?

❹ '어린 소'를 부르는 말은 무엇일까요?

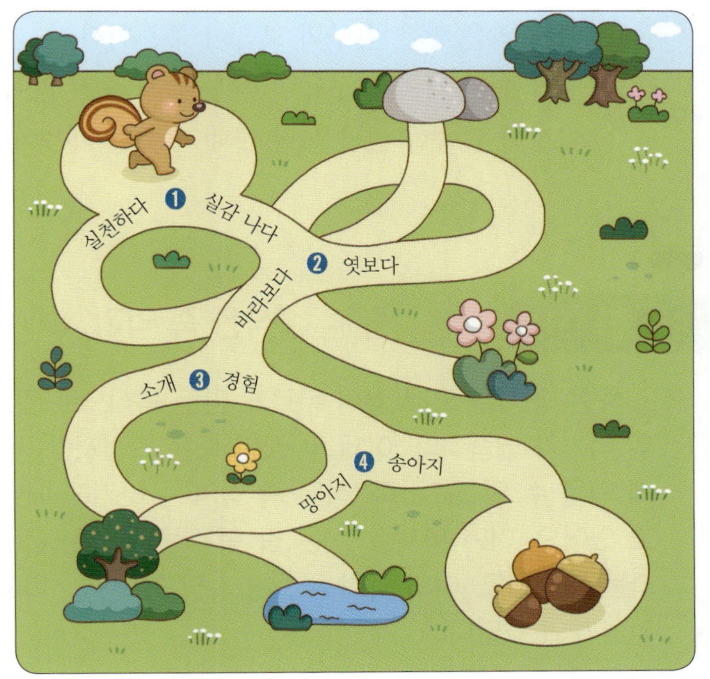

💬 **다음 글을 읽고 물음에 답해 보세요.**

> 오늘은 1학년 달님반 친구들이 연극 발표회를 하는 날이에요. 사회자는 사냥꾼, 호랑이, 여우, 토끼, 돼지 등 등장인물을 한 명씩 소개했어요. 처음 무대에 선 친구들은 몹시 긴장되었지만, "잘 할 수 있어!"라며 응원해 주는 다른 반 친구들의 말에 용기가 났어요.
>
> "그럼 지금부터 「토끼의 지혜」 연극을 시작하겠습니다."
>
> 호랑이 역을 맡은 재우는 동물원에서 호랑이를 본 경험을 떠올려 꼬리를 움직이며 어슬렁어슬렁 걸었어요. 돼지 역을 맡은 윤희는 손가락으로 코를 들어 올리며 돼지가 "꿀꿀"거리는 모습을 실감 나게 흉내 냈어요.
>
> 연극이 끝나자 관객석에서는 큰 박수가 터져 나왔어요. 마지막 인사를 하기 위해 나란히 무대에 선 달님반 친구들은 서로를 바라보며 싱긋 웃었어요.

▶ 241023-0134

1 달님반 친구들이 준비한 연극의 제목은 무엇인지 쓰세요. (   )

▶ 241023-0135

2 연극을 마친 후 달님반 친구들이 서로를 바라보며 싱긋 웃은 이유는 무엇인가요? (   )

① 실수를 많이 해서

② 연극 발표회를 하고 싶지 않아서

③ 돼지 역을 맡은 친구의 모습이 우스워서

④ 연극을 본 다른 친구들이 박수를 쳐 주지 않아서

⑤ 열심히 연습한 연극을 잘 끝내 뿌듯한 마음이 들어서

어휘 펼치기

식은 죽 먹기 하기에 매우 쉬운 일을 뜻하는 말.

'죽'은 곡식을 오래 끓여 무르게 만든 음식으로 알갱이가 매우 작고 부드러워 먹기가 쉽습니다. 이제 막 끓인 죽은 뜨겁지만 먹기 좋게 식은 죽은 더 쉽게 먹을 수 있겠죠? 즉 '식은 죽 먹기'는 하기에 매우 쉬운 일이란 뜻을 가지고 있어요. 어떤 문제를 '식은 죽 먹듯' 풀었다는 것은 문제를 아주 쉽게 풀었다는 뜻이에요. 이와 뜻이 비슷한 속담으로는 '누워서 떡 먹기'와 '땅 짚고 헤엄치기'가 있답니다.

▶ 241023-0136

1 다음 뜻에 알맞은 낱말을 완성하세요.

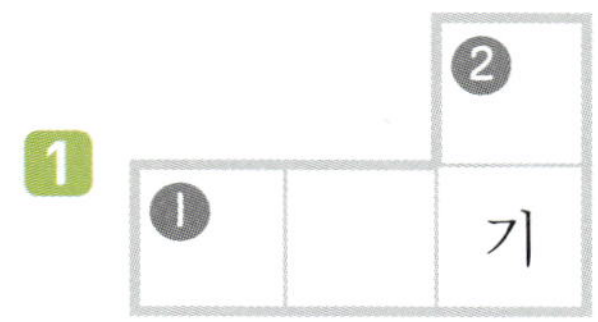

> ❶ 기계를 움직이는 힘을 이용하여 사람이나 짐을 위아래로 나르는 장치. ㅅㄱㄱ
> ❷ 더럽고 탁한 공기를 맑은 공기로 바꿈. ㅎㄱ

> ❶ 실제로 겪고 있다는 느낌이 들다. ㅅㄱ ㄴㄷ
> ❷ 생각한 것을 실제 행동으로 옮기다. ㅅㅊㅎㄷ

▶ 241023-0137

2 다음 중 ㉠에 가장 어울리는 말은 무엇인가요? (   )

> 밭에서 열심히 일한 농부의 이마에 땀방울이 [㉠] 맺혀 있었다.

① 쨍쨍   ② 대롱대롱   ③ 왁자지껄   ④ 또박또박   ⑤ 송알송알

▶ 241023-0138

3 밑줄 친 낱말을 알맞게 사용한 친구의 이름을 쓰세요.

> 동주: 시커먼 <u>환기</u> 때문에 숨을 쉬기 어려웠어.
> 윤정: 감기약을 먹기 위해 물을 <u>뿜었어</u>.
> 민우: 사진을 찍을 때는 카메라를 <u>바라보면</u> 좋아.

(   )

▶ 241023-0139

4 다음을 읽고, 괄호 안에서 알맞은 낱말을 골라 ○표 하세요.

> 할머니께서는 직접 **1** (담그신, 담구신) 김치를 정성스럽게 **2** (싸, 쌓아) 주시며, 집에 갈 때 **3** (잇지, 잊지) 말고 가져가라고 말씀하셨다.

▶ 241023-0140

5 다음 글의 내용으로 알맞지 <u>않은</u> 것은 무엇인가요? (   )

> 우스꽝스러운 표정을 지으며 고릴라 흉내 내기에 바빴던 아이들은 조명이 어두워지자 자세를 고쳐 앉고 화면을 바라보았다. 영화가 시작되기 전, 화재가 발생했을 때 대피하는 방법을 알려 주는 영상이 나왔다. 민수는 화재를 직접 경험해 본 적은 없지만, 수업 시간에도 꾸준히 익힌 내용이라 '식은 죽 먹기'처럼 느껴졌다. 영화가 시작되려는 듯 다시 화면이 바뀌었다. 포스터에서 보았던 등장인물들이 한 명씩 등장했다.

① 아이들은 고릴라 시늉을 하였다.
② 이 일이 일어난 장소는 '영화관'이다.
③ 조명이 어두워지자 아이들은 화면을 바라보았다.
④ 민수는 영화가 시작되기 전 보았던 영상이 쉽게 느껴졌다.
⑤ 영화가 시작되기 전, 화재를 예방하는 방법에 대한 영상이 나왔다.

받아쓰기

불러 주는 말을 잘 듣고 낱말의 뜻에 주의하며 받아쓰세요.

1 노

2 철

3 올

4 과

5 우

21쪽

105쪽

 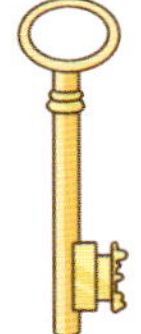 

붙임 딱지 2

💬 학습한 날짜를 적고 붙임 딱지 2를 붙여 진도를 확인해 보세요.

01강	02강	03강	04강	05강
월 일	월 일	월 일	월 일	월 일

06강	07강	08강	09강	10강
월 일	월 일	월 일	월 일	월 일

11강	12강	13강	14강	15강
월 일	월 일	월 일	월 일	월 일

16강	17강	18강	19강	20강
월 일	월 일	월 일	월 일	월 일

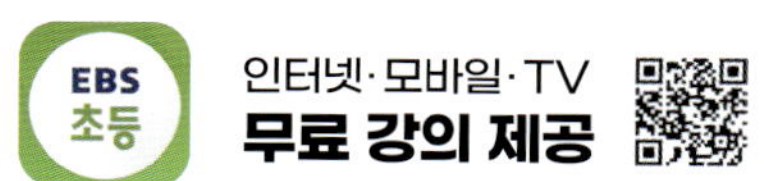

초 | 등 | 부 | 터 EBS

새 교육과정 반영

국어 어휘 베스트셀러 시리즈

어휘가 독해다!

초등 국어 어휘

1단계

초등 1~2학년 권장

정답과 해설

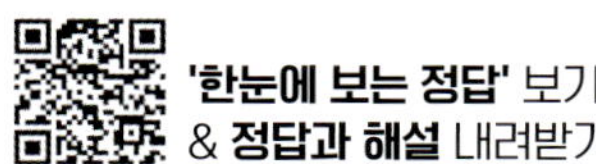

정답과 해설

1단계

초등 1~2학년 권장

01강 자음과 모음에 대해 알아보아요

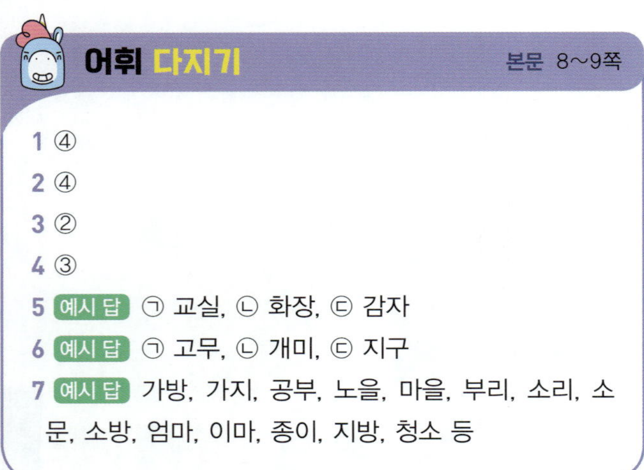

어휘 다지기
본문 8~9쪽

1 ④
2 ④
3 ②
4 ③
5 예시 답 ㉠ 교실, ㉡ 화장, ㉢ 감자
6 예시 답 ㉠ 고무, ㉡ 개미, ㉢ 지구
7 예시 답 가방, 가지, 공부, 노을, 마을, 부리, 소리, 소문, 소방, 엄마, 이마, 종이, 지방, 청소 등

1 'ㅋ'의 이름은 '키역'이 아니라 '키읔'입니다. 발음은 [키윽]이라고 해요.

2 'ㅎ'의 이름은 '히읗'이고, 발음은 [히읃]입니다.

3 국어사전에는 자음 'ㄱ'으로 시작하는 낱말이 먼저 나오기 때문에 '기차'가 가장 먼저 나옵니다. 그다음에는 '배', '비행기', '자전거'가 순서대로 나옵니다.

4 각 낱말의 처음에 오는 자음은 모두 'ㄱ'으로 같아요. 따라서 다음에 오는 모음의 순서를 따져 봐야 해요. 모음 중에서 가장 먼저 나오는 것은 'ㅏ'이니까 국어사전에는 '강아지'가 가장 먼저 나온답니다. 그 뒤로 '거위', '고양이', '기러기'가 순서대로 나옵니다.

5 ㉠에는 '교'로 시작하면서 '실'로 끝나는 낱말을, ㉡에는 '화'로 시작하면서 '장'으로 끝나는 낱말을, ㉢에는 '감'으로 시작하는 낱말을 적으면 됩니다.

6 ㉠에는 '무'로 끝나는 낱말을, ㉡에는 '개'로 시작하면서 '미'로 끝나는 낱말을, ㉢에는 '지'로 시작하면서 '구'로 끝나는 낱말을 적으면 됩니다.

7 글자 카드에 있는 글자들을 모아서 낱말을 만들어 보고, 그 낱말이 국어사전에 있는 낱말인지 확인해 보세요.

어휘 활용하기
본문 10쪽

1 ⑤
2 생략

1 낫의 모양을 보면 한글의 자음자인 'ㄱ'과 비슷하게 생겼다고 하였습니다. 따라서 '낫 놓고 기역 자도 모른다'라는 속담은 낫의 모양(생김새)과 관련이 있다는 것을 알 수 있습니다.

2 제시된 자음자와 모음자의 모양과 유사한 사물을 떠올려 본 후 자유롭게 그려 보세요.

02강 학교를 다녀온 내 마음은?

어휘 더하기
본문 13쪽

1 반듯이
2 반드시

1 보지 못한 사이에 바르게 컸다는 뜻이므로 '반듯이'가 맞습니다.

2 꼭 허리를 굽혀야 한다는 뜻이므로 '반드시'가 맞습니다.

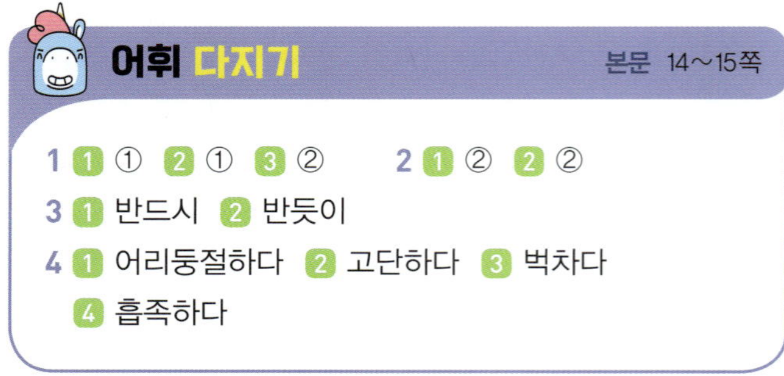

어휘 다지기
본문 14~15쪽

1 1 ① 2 ① 3 ②   2 1 ② 2 ②
3 1 반드시 2 반듯이
4 1 어리둥절하다 2 고단하다 3 벅차다
  4 흐뭇하다

1 1 ②는 '얼떨떨하다'의 뜻입니다.
  2 ②는 '고달프다'의 뜻입니다.
  3 ①은 '서먹하다'의 뜻입니다.

2 ① '고달프다'는 몸이나 처지 또는 하는 일이 몹시 힘들고 어렵다는 뜻입니다. 오랫동안 청소를 해서 지친 표정인 서영이의 얼굴은 ②입니다.

② '서먹하다'는 익숙하거나 친하지 아니하여 어색하다는 뜻입니다. 새로운 친구를 대하기 어색하여 딴청을 피우는 채아의 얼굴은 ②입니다.

3 ① 채원이는 축구 시합에서 이번에는 꼭 이겨야 한다고 생각해요. 그러므로 '틀림없이 꼭'을 뜻하는 '반드시'를 써야 합니다.

② 태서는 삐뚤빼뚤하지 않게 종이를 자르고 싶어 합니다. 그러므로 '비뚤어지거나 굽거나 흐트러지지 않고 바르게.'를 뜻하는 '반듯이'를 써야 합니다.

4 ① '어리둥절하다'는 '일이 돌아가는 상황을 잘 알지 못해서 정신이 얼떨떨하다.'라는 뜻입니다.

② '고단하다'에는 '일이 무척 피곤할 정도로 힘들다.'라는 뜻이 있습니다.

③ '벅차다'에는 '기쁘거나 희망에 차서 가슴이 뿌듯하다.'라는 뜻이 있습니다.

④ '흡족하다'는 '조금도 모자람이 없을 정도로 넉넉하여 만족하다.'라는 뜻의 낱말입니다.

어휘 활용하기　　본문 16쪽

1 ②　　　　**2** ②

1 글쓴이는 발표가 처음이라 겁이 났다고 했습니다. 하지만 짝꿍인 소희가 손뼉을 치며 응원해 주어 소희의 박수 덕분에 용기를 낼 수 있었다고 했습니다.

2 글쓴이는 자기 발표를 듣고 친구들이 모두 박수를 쳐 주어 기분이 좋아졌습니다. 그래서 뿌듯한 마음이 들었을 겁니다. '뿌듯하다'는 '기쁨이 마음에 가득하다.'를 뜻합니다.

오답 풀이

① '고달프다'는 '몸이나 처지 또는 하는 일이 몹시 힘들고 어렵다.'를 뜻합니다.

③ '머쓱하다'는 '얼굴을 들지 못할 만큼 수줍거나 창피하거나 흥이 꺾여 어색하고 부끄럽다.'를 뜻합니다.

④ '부끄럽다'는 '쑥스럽거나 수줍다.'를 뜻합니다.

⑤ '어리둥절하다'는 '일이 돌아가는 상황을 잘 알지 못해서 정신이 얼떨떨하다.'를 뜻합니다.

그림으로 생각해 봐요　　본문 17쪽

어휘 더하기　　본문 19쪽

1 으뜸　　　　**2** 버금

1 팔씨름에서 항상 이기는 지연이는 가장 힘이 센 아이입니다. 첫째인 것은 '으뜸'이라고 합니다.

2 희서는 우리 반에서 두 번째로 키가 큰 아이이므로 '버금'이라고 할 수 있습니다.

어휘 다지기　　본문 20~21쪽

1 ① ㉠　② ㉣　③ ㉡　④ ㉢
2 ① 질투　② 딱하다　③ 가엾다
3 ① 으뜸　② 버금
4 가　　　　나　　　　다

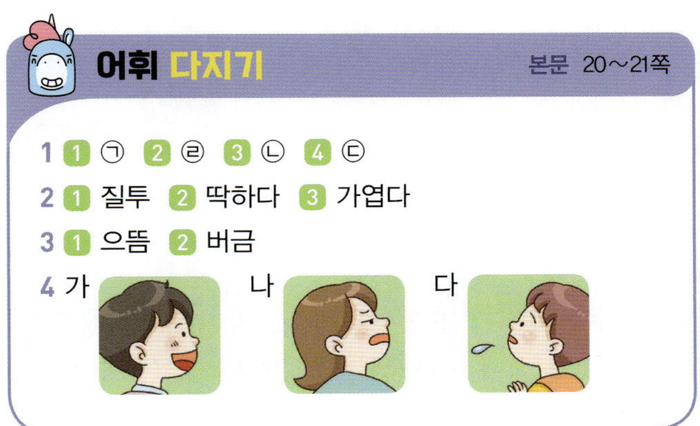

1
1 '함박웃음'은 크고 밝게 웃는 웃음을 뜻하므로 함박웃음을 지으면 사진에도 밝고 예쁘게 나옵니다.

2 '못마땅하다'는 마음에 들지 않아 좋지 않다는 뜻입니다. 누군가 자신에게 장난을 칠 때 쓸 수 있는 말입니다.

3 '가엾다'는 마음이 아플 정도로 불쌍하다는 뜻입니다. 작은 개미가 도망가는 모습에서 가여움을 느낄 수 있습니다.

4 '후회하다'는 자신의 잘못을 깨닫고 스스로를 꾸짖는다는 말입니다. 늦잠을 잔 것은 잘못한 일이니까 후회할 만합니다.

2
1 '샘'과 비슷한말인 '질투'는 '다른 사람이 잘되거나 좋은 처지에 있는 것을 괜히 미워하고 싫어함.'을 뜻하는 말입니다.

2 '안타깝다'와 비슷한말인 '딱하다'는 '처해 있는 상황이나 형편이 불쌍하다.'라는 뜻의 말입니다.

3 '가엾다'는 '가엽다'라고 쓸 수도 있습니다.

3 '결승전'은 운동 경기에서 최종 우승자를 가리기 위해 맨 마지막에 벌이는 시합이에요. 결승전에서 재준이가 건우보다 제기를 2번 더 찼으니, 재준이의 우승입니다. 그럼 재준이의 제기차기 실력이 으뜸이고, 건우가 버금이랍니다.

4 골을 넣은 것을 본 '가'는 함박웃음을 짓는 표정이 어울리고, 친구를 질투하는 '나'는 샐쭉한 표정이 어울리고, 친구가 속상해서 고개를 숙인 것을 본 '다'는 딱하게 여기는 표정이 어울립니다.

어휘 활용하기
본문 22쪽

1 ④   **2** ②

1 지수는 준우가 으뜸상을 받고, 자기는 버금상을 받은 것에 대해 못마땅해하고 있습니다. '못마땅하다'는 '마음에 들지 않아 좋지 않다.'를 뜻합니다.

① '부럽다'는 '다른 사람의 일이나 물건이 좋아 보여 자기도 그런 일을 이루거나 물건을 갖기를 바라는 마음이 있다.'를 뜻합니다.

② '불안하다'는 '마음이 편하지 않고 조마조마하다.'를 뜻합니다.

③ '부끄럽다'는 '쑥스럽거나 수줍다.'를 뜻합니다.

⑤ '조마조마하다'는 '앞으로 닥칠 일이 걱정되어 마음이 초조하고 불안하다.'를 뜻합니다.

2 지수가 준우를 찾아가 진심으로 축하해 준 것을 볼 때, 지수는 준우가 으뜸상을 받은 것에 샘을 낸 것을 후회하고 있다는 것을 알 수 있습니다.

숨은그림찾기
본문 23쪽

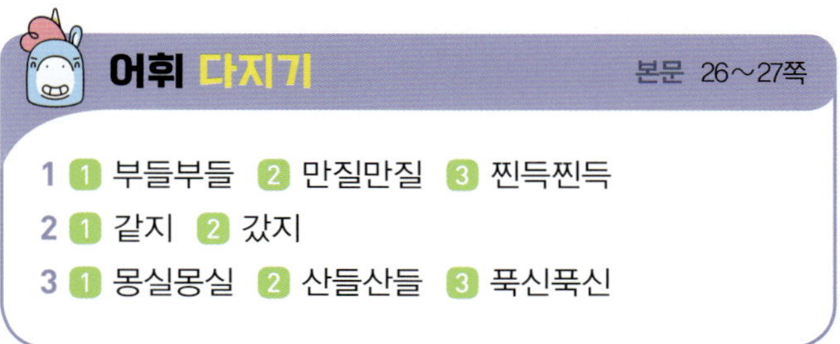

1 갔다

2 같다

1 제주도에 간 것은 장소를 이동한 것이므로 '갔다'라고 써야 합니다.

2 서로 같은 날에 태어났다면 서로 다르지 않다는 의미인 '같다'로 써야 합니다.

1 1 부들부들 2 만질만질 3 찐득찐득
2 1 같지 2 갔지
3 1 몽실몽실 2 산들산들 3 푹신푹신

1 1 토끼 인형은 털이 있으니 부드러워요. '부들부들하다'는 '살갗에 닿는 느낌이 매우 부드럽다.'라는 뜻의 낱말입니다.
   2 고무찰흙은 주무르기 좋게 부드럽죠. '만질만질하다'는 '만지거나 주무르기 좋게 연하고 부드럽다.'라는 뜻의 낱말입니다.
   3 그림을 보니 손에 액체 괴물이 끈적끈적하게 달라붙어 있네요. '찐득찐득하다'는 '눅눅하고 끈기가 있어 끈적끈적하게 자꾸 달라붙다.'라는 뜻의 낱말입니다.

2 1 얼굴이 닮은 남매가 점이 있는 위치도 차이가 없네요. 서로 다르지 않다는 뜻을 표현해야 하므로 '같지'라고 써야 합니다.
   2 연주가 장소를 이동하여 태권도장으로 이동했다는 말이므로 '갔지'라고 써야 합니다.

3 1 아기가 통통하게 살찐 모습이네요. '몽실몽실하다'는 '통통하게 살이 쪄서 매우 부드럽고 매끄러운 느낌이 있다.'라는 뜻의 낱말입니다.
   2 바람이 살에 닿는 느낌을 표현한 말은 '산들산들하다'입니다. '산들산들하다'는 '바람이 시원하고 부드럽게 연달아 불다.'라는 뜻의 낱말입니다.

3 '푹신푹신하다'는 '매우 푸근하게 부드럽고 탄력이 있다.'라는 뜻의 낱말입니다. 집에 있는 가구 중에는 소파나 침대 등이 푹신푹신합니다.

1 ③

2 ⑤

1 윤호는 아버지와 함께 냇가에 가서 고기잡이를 하려고 했는데, 소나기가 내려서 할 수 없었습니다.

2 밀가루 반죽이 손에 붙어서 잘 떨어지지 않았다고 하였으므로, '눅눅하고 끈기가 있어 끈적끈적하게 자꾸 달라붙는 모양.'을 뜻하는 '찐득찐득'이 가장 알맞습니다.

오답 풀이

① '쫄깃쫄깃'은 '씹히는 맛이 매우 차지고 질긴 느낌.'을 뜻합니다.

② '폭신폭신'은 '매우 포근하게 부드럽고 탄력이 있는 느낌.'을 뜻합니다.

③ '치렁치렁'은 '아래로 길게 늘어진 천이나 물건이 자꾸 이리저리 부드럽게 흔들리는 모양.'을 뜻합니다.

④ '말랑말랑'은 '매우 보들보들하여 연하고 부드러운 느낌.'을 뜻합니다.

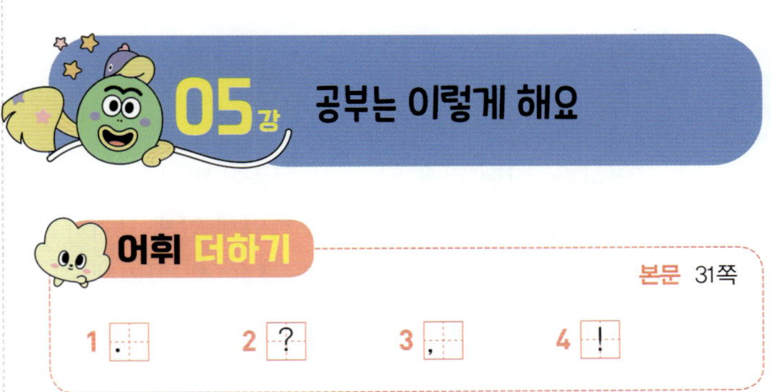

1 . 2 ? 3 , 4 !

어휘 다지기

1 ① 설명 ② 조사
2 ① 다듬다 ② 어림하다 **3** 정리
4 ① 설명하다 ② 다듬다 ③ 해결하다 ④ 어림하다

1 ① 선생님께서 쉽게 풀어서 알려 주시는 것을 '설명하다'라고 합니다.
② 글의 흐름에서 여름에 대해 알아본 내용을 쓴 것이므로, '조사'가 빈칸에 들어갈 말로 알맞습니다.

2 ① '고치다'와 바꾸어 쓸 수 있는 낱말은 '다듬다'입니다.
② '대강 세어 보다'와 바꾸어 쓸 수 있는 낱말은 '어림하다'입니다.

오답 풀이
• '간추리다'는 글이나 말 중에서 중요한 내용만 골라 간단하게 정리한다는 뜻입니다.
• '해결하다'는 처리해서 일을 끝낸다는 의미를 가진 낱말입니다.

3 공부한 내용을 공책에 적는 것, 장난감과 책을 종류에 따라 구분하여 나누는 것을 모두 표현할 수 있는 낱말은 '정리하다'입니다. '정리하다'를 각각의 문장에 알맞게 바꾸어서 쓰면 아래와 같습니다.

> • 오늘의 숙제는 공부한 내용을 공책에 정리하는 것이다.
> • 장난감은 장난감끼리, 책은 책끼리 모아서 정리하세요.

공통으로 들어갈 말을 찾아야 하므로, '정리'가 답이 됩니다.

4 ① 설명하다: 어떤 것을 알기 쉽게 풀어 말하다.
② 다듬다: 글이나 문장을 바르고 짜임새 있게 고치다.
③ 해결하다: 사건이나 일, 문제 등을 잘 처리해 끝을 내다.
④ 어림하다: 짐작하여 대강 헤아리다.

오답 풀이
• 조사하다: 어떤 일이나 사물의 내용을 알기 위하여 자세히 살펴보거나 찾아보다.
• 정리하다: 1. 흐트러지거나 어수선한 상태에 있는 것을 한데 모으거나 치우다. 2. 종류에 따라 나누거나 모으다.

어휘 활용하기

1 ① ○ ② X ③ ○
2 ㉠ 달걀(계란), ㉡ 병아리

1 ② 소년의 시는 너무나 완벽해서 따로 다듬을 필요가 없었다고 했습니다.

2 '껍데기 속은 반은 희고 반은 황금색'이라고 한 내용을 통해 달걀이라는 것을 알 수 있습니다. 그리고 '"꼬끼오" 울려고 하건만 어려서 소리를 내지는 못하는구나.'라는 내용을 통해 '병아리'라는 것을 알 수 있습니다.

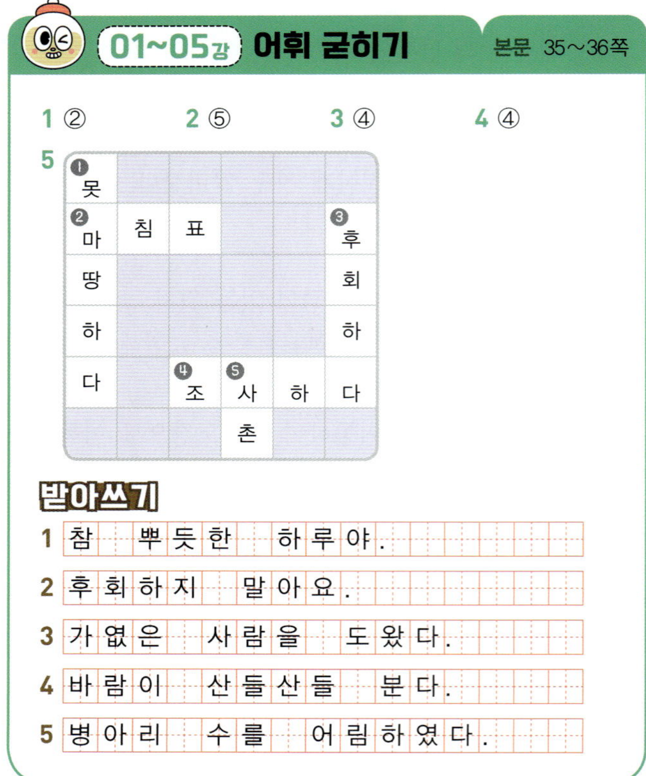

01~05강 어휘 굳히기

1 ② **2** ⑤ **3** ④ **4** ④

5

❶못					
❷마	침	표		❸후	
땅				회	
하				하	
다		❹조	❺사	하	다
			촌		

받아쓰기

1 참 뿌듯한 하루야.
2 후회하지 말아요.
3 가엾은 사람을 도왔다.
4 바람이 산들산들 분다.
5 병아리 수를 어림하였다.

1 '후회하다'는 '이전에 자신이 한 일이 잘못임을 깨닫고 스스로 자신의 잘못을 꾸짖다.'를 뜻합니다. '뉘우치다'와 바꿔 쓸 수 있습니다.

오답 풀이

① '샘'은 '남의 것을 탐내거나, 자기보다 형편이 나은 사람을 부러워하거나 싫어하는 일. 또는 그런 마음.'을 뜻합니다. '시새움'이나 '질투'와 바꿔 쓸 수 있습니다. '욕심'은 '무엇을 지나치게 탐내거나 가지고 싶어 하는 마음.'을 뜻합니다.

③ '함박웃음'은 '크고 밝게 웃는 웃음.'을 뜻하고, '비웃음'은 '상대를 얕보거나 놀리거나 흉을 보듯이 웃는 일. 또는 그런 웃음.'을 뜻합니다.

④ '고달프다'는 '몸이나 처지 또는 하는 일이 몹시 힘들고 어렵다.'를 뜻합니다. '피곤하다'와 바꿔 쓸 수 있습니다.

⑤ '흐뭇하다'는 '마음에 들어 매우 만족스럽다.'를 뜻합니다. '머쓱하다'는 '얼굴을 들지 못할 만큼 수줍거나 창피하거나 흥이 꺾여 어색하고 부끄럽다.'를 뜻합니다.

2 '얼떨떨하다'는 '뜻밖의 일에 놀라 어떻게 해야 할지를 모르다.'를 뜻합니다. 생각도 못했던 으뜸상을 받게 되어 너무 놀라 어떻게 해야 할지를 모르는 준호의 마음을 나타내기에 가장 알맞은 말입니다.

오답 풀이

① '가엾다'는 '마음이 아플 정도로 불쌍하다.'를 뜻합니다.

② '뿌듯하다'는 '기쁨이 마음에 가득하다.'를 뜻합니다.

③ '안타깝다'는 '뜻대로 되지 않거나 보기에 불쌍해서 가슴이 아프고 답답하다.'를 뜻합니다.

④ '서먹하다'는 '익숙하거나 친하지 아니하여 어색하다.'를 뜻합니다.

3 '반듯이'는 '비뚤어지거나 굽거나 흐트러지지 않고 바르게.'를 뜻합니다. ④의 내용을 헤아려 볼 때, '반듯이'보다는 '틀림없이 꼭.'을 뜻하는 '반드시'를 써야 합니다.

4 '확실하지 않고 헛된 것을 좇다.'를 뜻하는 말은 '뜬구름 잡다'입니다.

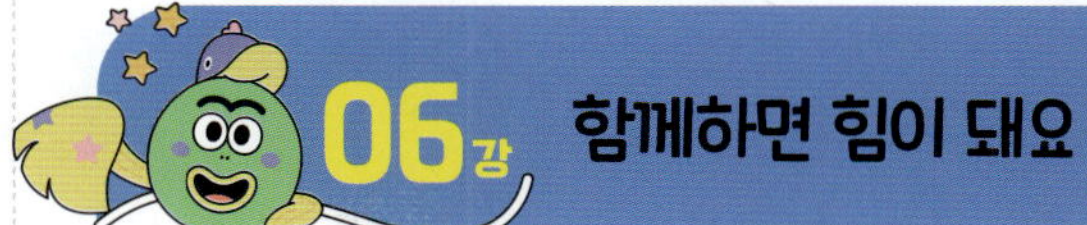

아래 낱말을 퍼즐에서 찾아봐요 본문 37쪽

공	연	기	속	도
맞	결	대	삭	번
거	하	다	이	갈
걸	맞	장	구	비
멋	짐	들	판	살

답: 하트 모양

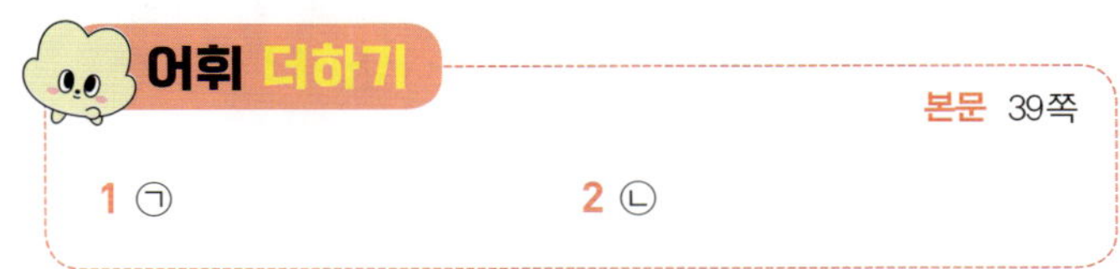

어휘 더하기 본문 39쪽

1 ㉠ **2** ㉡

어휘 다지기 본문 40~41쪽

1 ❶ 거들다 ❷ 맞대다 ❸ 번갈다

2 ④

3 ❶ 잇다 ❷ 맞장단

4
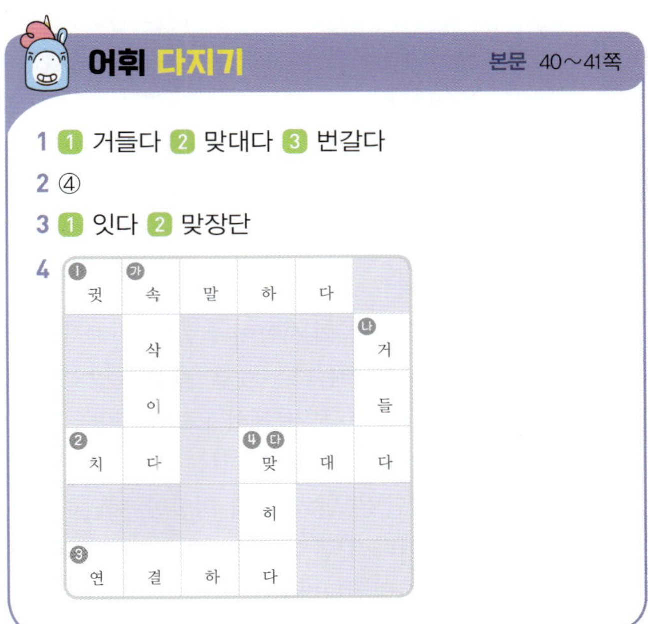

1 ❶ '남이 하는 일을 함께 하면서 돕다.'라는 뜻을 가진 낱말은 '거들다'입니다.

❷ 그림 속 두 아이가 키를 재기 위해 등을 서로 가깝게 마주 대하고 있습니다. 이 상황에 어울리는 낱말은 '맞대다'입니다.

❸ 두 아이가 놀이를 하고 있습니다. 한 사람씩 차례

를 바꾸어 놀이를 하고 있는 상황이므로 알맞은 낱말은 '번갈다'입니다.

2 '속삭이다'는 '남이 알아듣지 못하게 작은 목소리로 가만가만 이야기하다.'라는 뜻을 가진 낱말입니다. 동생이 로봇을 먼저 가지고 놀고 싶다고 큰 소리로 말했다는 내용이 나와 있습니다. 큰 소리로 속삭일 수는 없기 때문에, 낱말의 쓰임이 바르지 않은 것은 ④입니다.

① 앞 문장을 보면 상자가 커서 뜯는 것이 어려웠다는 내용이 나와 있습니다. 그리고 밑줄 친 부분 뒤에는 금방 뜯을 수 있었다는 내용이 나와 있으므로, 도와주었다는 뜻인 '거들다'가 의미에 알맞습니다.

② 여러 개의 블록을 서로 이어서 로봇을 만드는 것이므로, '연결하다'가 알맞습니다.

③ 하던 일이나 과정이 끝났다는 의미인 '마치다'가 사용되었습니다. 앞 문장을 살펴보면 로봇을 만들기 시작했다는 내용이 나옵니다. 그리고 밑줄의 뒷부분을 살펴보면 로봇을 가지고 논다는 내용이 나오므로, 로봇을 다 만들었다는 것을 짐작할 수 있습니다.

⑤ 글의 흐름을 살펴볼 때, 동생에게 먼저 로봇을 주었고 그다음에 루안이가 로봇을 가지고 놀기로 약속한 것을 알 수 있습니다. 한 사람씩 차례를 바꾼다는 의미의 '번갈다'가 알맞게 쓰였습니다.

3 **1** '연결하다'는 둘 이상의 사물이나 현상 등이 서로 이어지거나 관계를 맺는다는 뜻을 가진 낱말입니다. 뜻이 비슷한 낱말을 〈보기〉에서 고르면 '잇다'입니다.

2 '맞장구'는 남의 말이 옳다고 같은 의견을 내는 일입니다. '맞장단'은 남의 말에 덩달아 대답하거나 행동하는 일이나 같은 의견을 내는 일이므로 '맞장구'와 비슷한말입니다.

4

① '귓속말하다'는 남의 귀에 입을 가까이 대고 작은 소리로 말한다는 뜻입니다.

② 맞장구를 하는 것을 '맞장구를 치다.'라고 씁니다.

③ '연결하다'는 서로 이어지게 관계를 맺는다는 뜻입니다.

④ '맞대다'는 서로 가깝게 마주 대한다는 의미입니다.

㉮ '속삭이다'는 남이 알아듣지 못하게 작은 소리로 가만가만 이야기한다는 의미를 가지고 있습니다.

㉯ '거들다'는 남이 하는 일을 함께 하면서 돕는다는 뜻입니다.

㉰ '맞히다'는 '문제에 대한 답을 옳게 하다.' 또는 '무엇을 목표 지점에 맞게 하다.'라는 뜻입니다.

1 ④	**2** 가, 다

1 탈춤은 배우들이 얼굴에 탈을 쓰고 공연을 한다고 했습니다. 관객이 탈을 쓴다는 내용은 알 수 없습니다.

2 탈춤에서는 관객들이 배우와 어울려 음악에 맞춰 춤을 추기도 하고, 배우의 말과 몸짓에 맞장구를 치기도 한다고 했습니다. 하지만 배우의 속마음을 다른 배우에게 말해 준다는 내용은 찾아볼 수 없습니다.

본문 45쪽

1 부쳤다
2 부친다
3 붙이고, 부쳤다
4 부치기, 붙였다

- '붙이다'는 풀로 종이를 붙여 놓은 것처럼 '맞닿아 떨어지지 않게 하다.'와 '불을 일으켜 타게 하다.'의 뜻이 있습니다.
- '부치다'는 '편지나 물건을 보내다.', '기름을 두른 프라이팬에 반죽이나 달걀 등을 넓적하게 펴서 익히다.', '부채나 넓은 종이를 흔들어서 바람을 일으키다.'의 뜻이 있습니다.

본문 46~47쪽

1 1 ㉣ 2 ㉢ 3 ㉡
2 1 가쁘게 2 조마조마하다 3 빤히
3 1 붙이고, 부쳤다 2 부치고, 부쳤다
4 해설 참고

1 1 '긴장하다'는 '마음을 놓지 않고 정신을 바짝 차리다.'라는 뜻입니다.
2 '망설이다'는 '이리저리 생각만 하고 마음이나 태도를 결정하지 못하다.'라는 뜻입니다.
3 '쑥스럽다'는 '하는 짓이나 모양이 자연스럽지 못하여 우습고 싱거운 데가 있다.'라는 뜻입니다.

2 1 숨을 헐떡이고 있으므로 빈칸에는 '가쁘게'가 들어갈 수 있습니다.
2 젠가가 무너질 듯 말 듯 한 상태여서 걱정되어 마음이 초조하고 불안한 상태이므로 빈칸에는 '조마조마하다'가 들어갈 수 있습니다.
3 아빠를 또렷하게 쳐다보는 것이므로 빈칸에는 '빤히'가 들어갈 수 있습니다.

3 '부치다'와 '붙이다'를 쓸 때 풀로 종이를 붙여 놓은 것처럼 '맞닿아 떨어지지 않게 하다.'라는 뜻이 담겨 있으면 '붙이다'를 쓰고, 그렇지 않으면 '부치다'를 사용하면 됩니다.
1 우표는 풀로 붙이는 것이므로 '붙이고'가 맞습니다. 편지는 보내는 것이므로 '부쳤다'가 맞습니다.
2 부침개와 부채는 '부치고', '부쳤다'가 맞습니다.

4 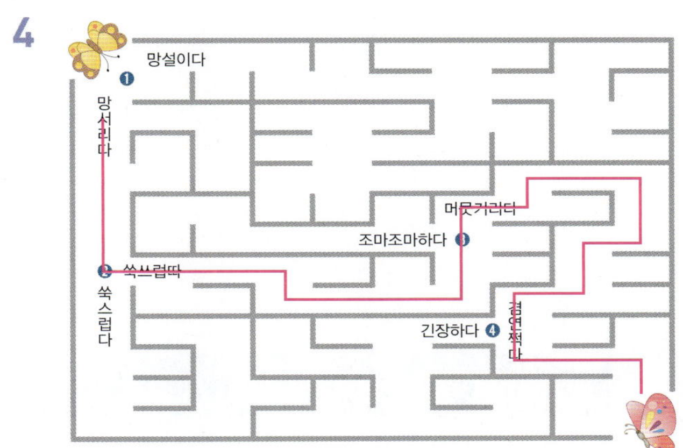

본문 48쪽

1 ② 2 ①

1 이 글의 중심 내용은 새 학기 첫날, 다희가 영서를 새 친구로 사귀게 된 일입니다.

2 눈이 마주치자 쑥스러운 듯 얼른 고개를 돌린 사람은 다희가 아니라 영서입니다.

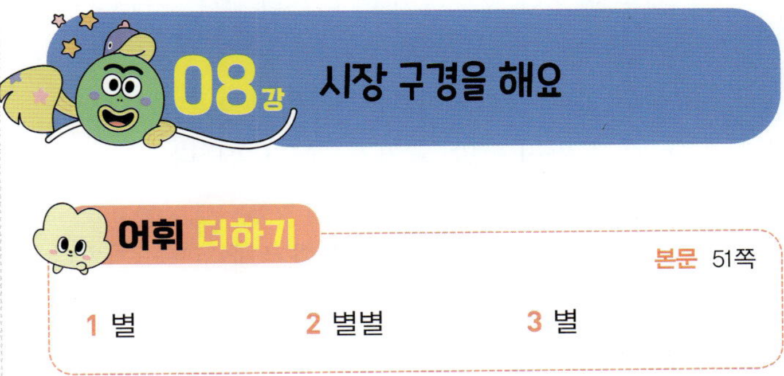

본문 51쪽

1 별 2 별별 3 별

1 '보통과 다르게 두드러지거나 특별한.'의 뜻을 가진 '별'을 씁니다.

2 희한한 꽃들이 다 모여 있다고 했으므로, 이때는 '보통과 다른 여러 가지의.'의 뜻을 가진 '별별'을 씁니다.

3 어떤 말 뒤에 붙어서 '그것에 따른'의 뜻을 더하는 '별'을 씁니다.

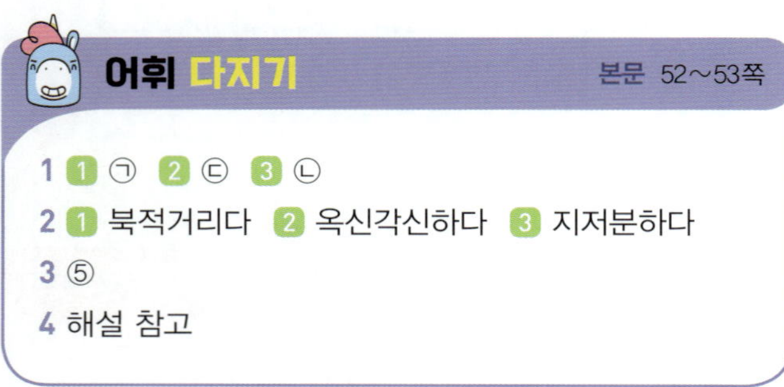

어휘 다지기   본문 52~53쪽

1 ❶ ㉠ ❷ ㉢ ❸ ㉡
2 ❶ 북적거리다 ❷ 옥신각신하다 ❸ 지저분하다
3 ⑤
4 해설 참고

1 ❶ '엇갈리다'는 '서로 어긋나서 만나지 못하다.'라는 뜻입니다.
　❷ '아늑하다'는 '따뜻하고 부드럽게 감싸 안기듯 편안하고 조용한 느낌이 있다.'라는 뜻입니다.
　❸ '무시무시하다'는 '몹시 무섭다.'라는 뜻입니다.

2 ❶ '많은 사람이 한곳에 모여 매우 어수선하고 시끄럽게 자꾸 떠들다.'라는 뜻을 가진 낱말은 '북적거리다'입니다.
　❷ '서로 옳으니 그르니 하며 다투다.'라는 뜻을 가진 낱말은 '옥신각신하다'입니다.
　❸ '어떤 곳이 정리되어 있지 않아서 어수선하다.'라는 뜻을 가진 낱말은 '지저분하다'입니다.

3 ①, ②, ③, ④의 '별'은 '보통과 다르게 두드러지거나 특별한.'이라는 뜻입니다. 하지만 ⑤의 '별'은 어떤 말 뒤에 붙어서 '그것에 따른'의 뜻을 더하는 말입니다.

4 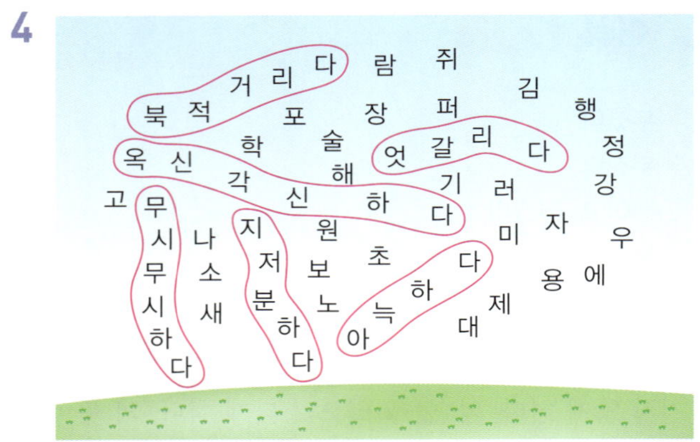

어휘 활용하기   본문 54쪽

1 ④ 　　　　**2** ②

1 글의 제목은 중심 내용을 반영하는 것이 좋습니다. 이 글의 중심 내용은 글쓴이가 엄마와 함께 처음으로 시장 구경을 한 일입니다.

2 '엄마 품에 안기니 마음이 편해졌다.'는 글쓴이의 느낌을 나타낸 것이고, 나머지는 모두 글쓴이가 본 것을 나타낸 것입니다.

어휘 더하기   본문 57쪽

1 적지만 　　　　**2** 작아

1 용돈의 액수를 말하는 것이니까 '적다'를 사용해야 합니다. 돈의 액수를 말할 때는 '돈이 많다.'나 '돈이 적다.'라고 표현합니다.

2 옷의 크기를 말하는 것이니까 '작다'를 사용해야 합니다. 옷의 크기를 말할 때는 '옷이 크다.'나 '옷이 작다.'라고 표현하는 게 알맞습니다.

어휘 다지기

1 1 ㉣ 2 ㉠ 3 ㉢
2 1 덜컥 2 부쩍 3 골똘히
3 1 적어 2 작네
4 [파란색] ⑤, [하늘색] ⑥, [보라색] ②

1 1 '선뜻'은 '아무 망설임이나 어려움 없이 쉽게.'를
   뜻합니다.
   2 '거뜬히'는 '다루기가 간편하고 손쉽게.'를 뜻합니다.
   3 '함부로'는 '조심하거나 깊이 생각하지 않고 마구.'
   를 뜻합니다.

오답 풀이

㉢ '힘들게 겨우.'를 뜻하는 낱말은 '간신히'입니다.
㉣ '좋지 않은 일을 겪지 않도록 주의를 하며.'를 뜻
   하는 낱말은 '조심히'입니다.

2 1 지렁이를 보고 너무 놀라서 가슴이 내려앉는 것
   같다는 내용과 어울리는 낱말은 '덜컥'입니다. '덜
   컥'은 '갑자기 놀라거나 무서워서 가슴이 내려앉
   는 모양.'을 뜻합니다.
   2 키가 많이 자란 상황과 어울리는 낱말은 '부쩍'입
   니다. '부쩍'은 '어떤 사물이나 현상이 갑자기 크
   게 변화하는 모양.'을 뜻합니다.
   3 엄마의 말씀을 듣지 못할 정도로 책 읽기에 집중
   하고 있죠? 이와 어울리는 낱말은 '골똘히'입니
   다. '골똘히'는 '다른 생각이 들지 않을 정도로 집
   중하여.'를 뜻합니다.

오답 풀이

• '달랑'은 '조심성 없이 가볍게 행동하는 모양.'이나
  '어떤 것이 적게 있거나 하나만 있는 모양.'을 뜻합
  니다.

• '슬쩍'은 '다른 사람이 보지 못하게 재빠르게.'나
  '힘을 들이지 않고 가볍게.'를 뜻합니다.
• '일부러'는 '어떤 생각을 가지고 마음을 써서.'를 뜻
  합니다.

3 1 '많다'의 반대말은 '적다'입니다.
   2 '크다'의 반대말은 '작다'입니다.

4 [파란색] '거뜬히'는 '다루기가 간편하고 손쉽게.'를 뜻
   하므로 '아주 쉽게'와 바꿔 쓸 수 있습니다.
   [하늘색] '선뜻'은 '아무 망설임이나 어려움 없이. 쉽
   게.'를 뜻하므로 '아무 망설임 없이'와 바꿔 쓸 수 있
   습니다.
   [보라색] '함부로'는 '조심하거나 깊이 생각하지 않고
   마구.'를 뜻하므로 '생각 없이 마구'와 바꿔 쓸 수 있
   습니다.

어휘 활용하기

1 1 X 2 ○ 3 ○   2 ③

1 1 큰돈이 있어야만 기부를 할 수 있다고 생각하는
   사람도 있지만, 요즘은 누구나 쉽게 참여할 수 있
   는 기부 문화가 부쩍 많아졌다고 했습니다.

2 ㉠은 골똘히 생각해 보지 않고, 단순하게 반려동물
   을 갖고 싶다고 강아지나 고양이를 덜컥 데려오는
   사람들을 가리킵니다.

그림으로 생각해 봐요

1 ㉣ 2 ㉡ 3 ㉮

어휘 더하기

1 걸음　　　　**2** 거름

1 '다리를 움직여 두 발을 번갈아 옮겨 놓는 동작.'이므로 '걸음'이 맞습니다.

2 '식물이 잘 자라도록 땅에 뿌리거나 섞는 물질.'을 말하므로 '거름'이 맞습니다.

어휘 다지기

1 **1** ㉢　**2** ㉣　**3** ㉡
2 **1** 밸브　**2** 요원　**3** 비상구
3 ②, ③　　　　　　　**4** 해설 참고

1 **1** '유괴'는 '돈 등을 요구할 목적으로, 주로 아이를 속여서 꾀어냄.'을 뜻합니다.
2 '신변'은 '몸과 몸의 주위.'를 뜻합니다.
3 '비상 대피로'는 '신속하게 대처해야 할 뜻밖의 긴급 사태 때 위험이나 피해를 입지 않게 피하도록 만든 길.'을 뜻합니다.

오답 풀이

㉠ '관을 통과하는 기름, 가스, 물의 양이나 압력을 조절하는 장치.'는 '밸브'입니다.
㉣ '어떤 일을 하는 데 필요한 인원.'은 '요원'입니다.

2 **1** 외출할 때는 가스 밸브를 꼭 잠그는 것을 잊지 말아야 합니다.
2 수영장에는 안전 요원이 사람들의 안전을 지켜 줍니다.
3 화재나 지진 같은 갑작스러운 사고가 일어나서 급히 밖으로 나갈 때에는 비상구를 통해 밖으로 나갑니다.

3 ②의 '흙에 걸음을 뿌려 주어요.'의 밑줄 친 '걸음'은 '거름'으로 써야 맞습니다. 한편, ③의 '빠른 거름으로 걸어갔어요.'의 밑줄 친 '거름'은 '걸음'으로 써야 맞습니다.

4 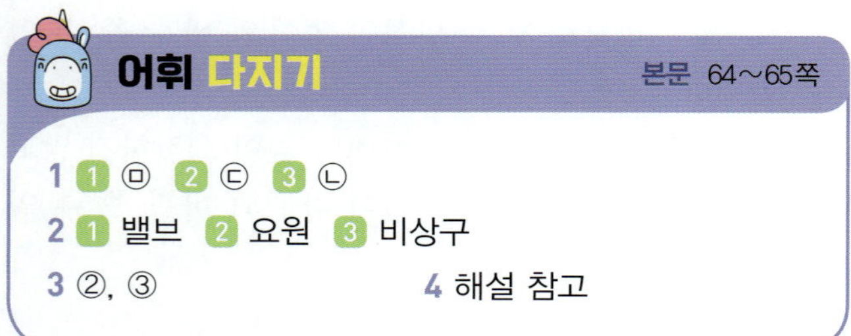

밸	리	강	신	변	동
장	브	바	라	요	술
마	에	스	트	원	래
비	상	대	피	로	잡
상	용	학	파	괴	기
구	두	교	유	명	한

어휘 활용하기

1 **1** ×　**2** ○　**3** ○
2 ③

1 **1** 집을 나서기 전에 가스 밸브를 잘 잠가야 하는 이유는 가스가 새서 일어날 수 있는 화재를 예방할 수 있기 때문이라고 하였습니다.

2 화재를 예방하고, 화재가 발생했을 때 빨리 대피하고, 위급한 상황에서 안내 방송과 안내 요원의 지시를 따르고, 화장실에 혼자 가지 않는 것은 모두 안전한 생활을 위한 행동입니다.

06~10강 어휘 굳히기

1 ③
2 ⑤
3 ①
4 ④

받아쓰기

1 친구에게　속삭이며　말해요.
2 강아지를　빤히　쳐다보았다.
3 시장이　북적거려요.
4 덜컥　겁이　났다.
5 가스　밸브를　잠가요.

1 '머리를 맞대다'라는 것은 '어떤 일을 의논하거나 결정하기 위해 서로 마주 대하다.'라는 뜻입니다. 숙제를 해결하기 위해서 의논한다는 뜻이지 '머리가 쿵 부딪힌다.'라는 뜻은 아니므로 ③은 바르지 않습니다.

[오답 풀이]

① '속삭이다'는 '남이 알아듣지 못하게 작은 목소리로 가만가만 이야기하다.'를 뜻하고, 비슷한말로는 '귓속말하다'와 '소곤거리다'가 있습니다.

② '맞장구'는 '남의 말이 옳다고 같은 의견을 내는 일.'을 뜻하며 비슷한말로는 '맞장단'이 있습니다.

④ '거들다'는 '남이 하는 일을 함께 하면서 돕다.'를 뜻합니다.

⑤ '연결하다'는 '둘 이상의 사물이나 현상 등이 서로 이어지거나 관계를 맺다.'라는 뜻으로 비슷한말로는 '잇다'가 있습니다.

2 '골똘히'는 '다른 생각이 들지 않을 정도로 집중하여.'라는 뜻으로 여자아이가 돋보기로 집중하며 이파리를 들여다보는 모습과 어울리는 말입니다.

[오답 풀이]

① '부쩍'은 '어떤 사물이나 현상이 갑자기 크게 변화하는 모양.'을 뜻합니다.

② '선뜻'은 '아무 망설임이나 어려움 없이 쉽게.'를 뜻합니다.

③ '거뜬히'는 '다루기가 간편하고 손쉽게.'를 뜻합니다.

④ '함부로'는 '조심하거나 깊이 생각하지 않고 마구.'라는 뜻입니다.

3 살이 찌면 옷이 작게 느껴지고 살이 빠지면 옷이 크게 느껴집니다. '적다'는 수나 양이 기준에 미치지 못할 때 쓰는 말이므로, 옷이 '적어졌다'라는 표현은 옳지 않습니다.

4 글쓴이는 다른 집의 반려견이 귀엽다고 해서 함부로 만지면 개에게 물려 크게 다칠 수 있으니 조심해야 한다고 하였습니다.

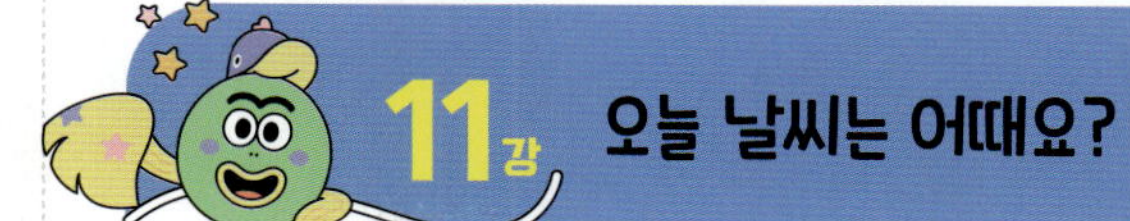

숨은그림찾기

본문 69쪽

• 위 그림에 나와 있는 것: 초원, 응달, 뙤약볕

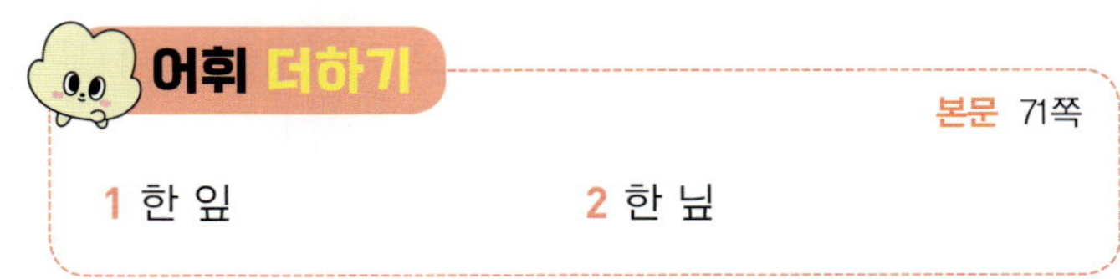

1 장미꽃의 꽃잎을 셀 때는 '잎'이라고 써야 합니다.

2 동전은 '닢'이라는 단위로 셉니다.

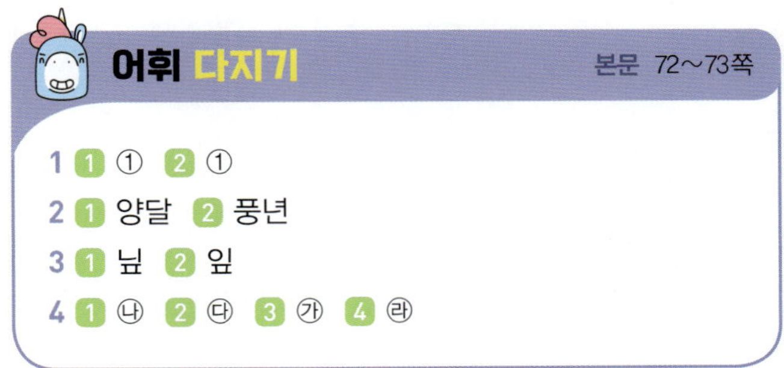

1 ① '초원'은 '풀이 난 들판.'을 뜻하는 낱말입니다.
② '뙤약볕'은 '여름에 강하게 내리쬐는 몹시 뜨거운 햇볕.'을 뜻합니다.

2 ① '응달'은 '햇빛이 잘 들지 않아 그늘진 곳.'을 말합니다. 이와 반대말인 '양달'은 '햇볕이 바로 드는 곳.'을 뜻합니다.
② '흉년'은 '농사가 잘되지 않아 다른 때보다 수확이 적은 해.'를 뜻합니다. 이와 반대말인 '풍년'은 '농사가 잘되어 다른 때보다 수확이 많은 해.'를 뜻합니다.

3 ① 동전을 세는 단위는 '닢'입니다.
② '단풍'은 가을에 노란색이나 붉은색으로 변한 나뭇잎을 말합니다. 나뭇잎은 '잎'이라는 단위로 셉니다.

4 ① 강하게 내리쬐는 뙤약볕 아래에서는 사람들이 몹시 더워할 것입니다.
② 농사에 필요한 비가 내리지 않으면 농부들이 농사가 잘되지 않은 흉년이 될까 봐 걱정이 많을 거예요.
③ '소낙비'는 '갑자기 세게 내리다가 곧 그치는 비.'입니다. 비가 올 때는 사람들이 우산을 쓰고 다니겠지요.
④ '회오리바람'은 '나선 모양으로 빙글빙글 돌며 부는 바람.'입니다. 바람을 따라 나뭇잎도 빙글빙글 돕니다.

숨은그림찾기　　　본문 75쪽

어휘 더하기

본문 77쪽

1 나았어요
2 낳았어요
3 낫다

1 감기 증상이 좋아진 것은 '병이나 상처 등이 없어져 본래대로 되다.'라는 뜻의 '낫다'라고 해야 하고 '낫다'를 '해요'로 끝낼 때에는 '나았어요'라고 고쳐 씁니다.

2 구피라는 물고기가 새끼를 몸 밖으로 내보낸 것이므로 '낳다'라고 해야 하고, '낳다'를 '해요'로 끝낼 때에는 '낳았어요'라고 고쳐 씁니다.

3 내 글씨보다 동생 글씨가 더 반듯하고 예쁘다는 이야기이므로 '낫다'가 맞습니다.

어휘 활용하기

본문 74쪽

1 ⑤　　　**2** ④

1 글쓴이는 비를 피하기 위해 나무 밑이 아니라 건물 안쪽으로 뛰어 들어갔습니다.

2 '응달'은 '햇빛이 잘 들지 않아 그늘진 곳.'을 뜻합니다. 따라서 '그늘'과 바꿔 쓸 수 있습니다.

1　**1** ㉠　**2** ㉣　**3** ㉡
2　**1** 탁월한　**2** 나은　**3** 등급
3　**1** 탁월하다　**2** 보배
4　**1** 등급　**2** 꾀　**3** 나아서

1　**1** '지혜롭다'는 '사물의 이치를 빨리 깨닫고 옳고 그름을 잘 이해하여 처리하는 능력이 있다.'라는 뜻입니다.
　　2 '탁월하다'는 '남보다 훨씬 뛰어나다.'라는 뜻입니다.
　　3 '보배'는 '매우 귀하고 소중한 물건. 또는 사람.'이라는 뜻입니다.

2　**1** 나는 열심히 연습했지만 지윤이가 부럽기만 하다고 했으므로, 지윤이의 줄넘기 실력이 탁월하다는 것을 알 수 있습니다.
　　2 선생님이 자신과 민호의 줄넘기 실력을 비교하시는 것으로 보아 '어떤 것이 다른 것보다 더 좋다.'라는 뜻의 '낫다'가 적절합니다.
　　3 선생님께서 민호의 줄넘기 실력이 전보다 좋아졌다고 말씀하셨으므로 빈칸에 들어갈 말은 '등급'이 적절합니다.

3　**1** 요리 솜씨를 설명해 주는 말이 와야 하므로, '남보다 훨씬 뛰어나다.'라는 뜻의 '탁월하다'가 맞습니다.

오답 풀이
'슬기롭다', '지혜롭다'는 '사물의 이치를 빨리 깨닫고 옳고 그름을 잘 이해하여 처리하는 능력이 있다.'라는 뜻이므로, 요리 솜씨를 설명하는 말과 어울리지 않습니다.
　　2 할머니께서 물려 주신 비녀가 우리 집의 소중한 물건이라고 했으므로, '보배'가 맞습니다.

4　**1** 그림에서 아이는 점수가 올랐다고 했고 문해력 시험을 본 뒤 기분이 좋았다고 했으므로, 지난번보다 '등급'이 올랐음을 알 수 있습니다.
　　2 '꾀부리다'는 '어떤 일을 똑바로 하지 않고 쉽고 편하게만 하려고 궁리하다.'라는 뜻입니다.

3 뒤에 '건강한 마음가짐으로 집중할 수 있었다.'라는 말이 있으므로, 감기에서 다 나아 건강한 상태가 되었다는 것을 알 수 있습니다.

1 ②
2 ①

1　이 글에서 토끼는 꾀가 많다고 하였고, 너구리 아저씨가 하마 아주머니의 당근을 바꿔치기했다는 것을 단박에 알아차리고 꾀를 내어 이를 밝혀내려고 하였으므로, 토끼는 지혜로운 성격을 지니고 있습니다.

2　토끼는 냄새로 썩은 당근과 좋은 당근을 잘 구별할 수 있다는 것으로 보아, 냄새 맡는 능력이 우수합니다.

그림으로 생각해 봐요　　　　　　　본문 81쪽

오답 풀이
성묘를 할 때에는 몇 가지 음식을 준비하여 조상님께 인사를 드리는 것이 예의 있는 행동입니다. 박물관은 공공장소입니다. 이곳에서는 뛰어서는 안 되며 해설가의 안내를 조용히 집중하여 들어야 합니다. 학교 수업 시간에는 선생님의 말씀에 귀 기울여야 합니다.

본문 83쪽

1 효심
2 효도

1 개구리가 돌아가신 아버지의 무덤가에서 슬피 울며 장례를 잘 치렀다는 것으로 보아 부모를 잘 모시어 받드는 마음, 즉 '효심'이 깊다는 것을 알 수 있습니다.

2 사람은 부모를 잘 섬기며 자식으로서 부모님께 효를 다해야 합니다.

어휘 **다지기**

본문 84~85쪽

1 **1** ㉢ **2** ㉡ **3** ㉠
2 ③
3 나그네
4 **1** 경험한 **2** 예의
5

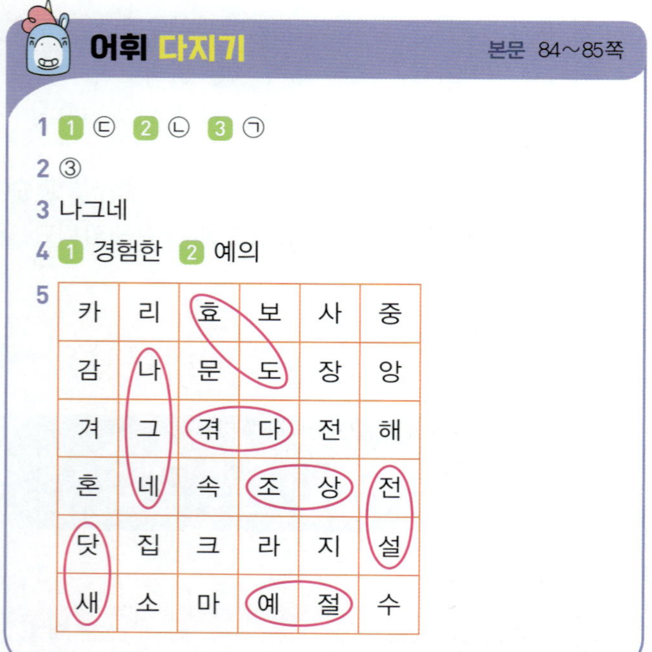

카	리	효	보	사	중
감	나	문	도	장	앙
겨	그	겪	다	전	해
혼	네	속	조	상	전
닷	집	크	라	지	설
새	소	마	예	절	수

1 **1** '겪다'는 '어렵거나 중요한 일을 당하여 경험하다.'를 뜻합니다.
2 '나그네'는 '집을 떠나 여행을 하거나 여기저기 옮겨 다니는 사람.'을 뜻합니다.
3 '닷새'는 '다섯 날.'을 뜻합니다.

2 ③ '효과'의 '효' 자는 '나타내다, 드러내다.'라는 뜻으로 나머지 ①, ②, ④, ⑤의 '효도 효' 자와 다른 말입니다.

3 역할을 맡으려면 갓을 쓰고, 지나가던 차림이라 보따리도 필요하다고 했으므로 '집을 떠나 여행을 하거나 여기저기 옮겨 다니는 사람.'이라는 뜻의 나그네가 어울립니다.

4 **1** 일기에는 우리가 구체적으로 보고 듣고, 행동한 일, 즉 겪은 일을 씁니다. '겪다'의 비슷한 말은 '자신이 실제로 해 보거나 겪어 보다.'라는 뜻의 '경험하다'가 알맞습니다.
2 이웃 할아버지께 인사를 잘하는 지한이의 모습은 예의 있다고 말할 수 있습니다.

어휘 **활용하기**

본문 86쪽

1 ② **2** ⑤

1 나그네는 아이에게 과거를 보러 가는 길인데 붓을 맡기고 간다며 사라졌습니다.

2 나그네가 아이에게 붓을 맡기고 간 후 닷새가 지나도록 돌아오지 않자 아이는 붓에 물을 묻혀 땅에 그림을 그리기 시작했다고 했습니다. 닷새는 '다섯 날.'을 뜻합니다.

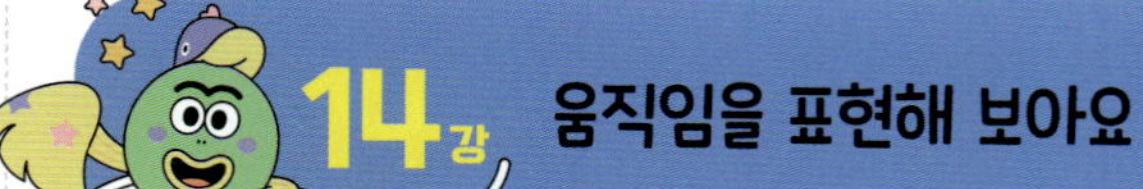

14강 움직임을 표현해 보아요

어휘 **더하기**

본문 89쪽

1 쫓아간다 **2** 좇아 **3** 쫓아가는

1 경찰이 도둑을 잡으려고 서둘러 뒤를 따르는 것이므로 '쫓아간다'가 적절합니다. '좇다'는 '목표, 꿈, 행복 등을 추구하다.'라는 뜻입니다.

2 행복을 추구하며 하루하루 열심히 최선을 다하는 청년의 모습을 보고 '행복을 좇는다'라고 말할 수 있습니다.

3 어미 닭이 새끼인 병아리를 물고 가는 고양이를 따라가는 것이므로 '쫓아가는'이 적절합니다.

1 1 '허둥대다'는 '어찌할 줄을 몰라 이리저리 헤매며
   다급하게 서두르다.'라는 뜻입니다. ①은 친구 생
   일 선물을 사느라 헤매며 서두르는 상황이니 알
   맞고, ②는 앞에 '늦어서'라는 말이 나와 있으므로
   적절하게 쓰였다는 것을 알 수 있습니다.

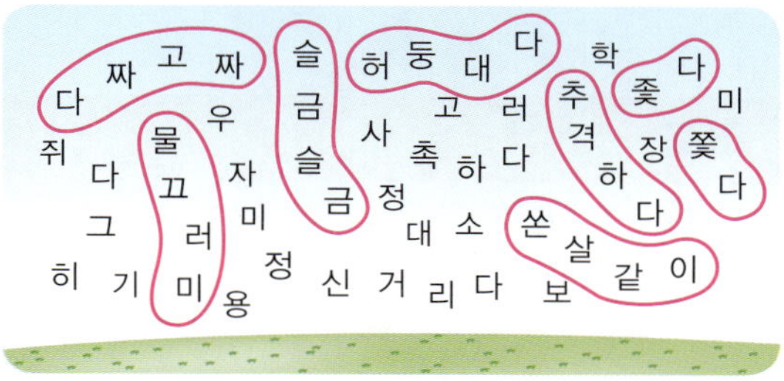

   ③은 기분 나빠서 친구에게 허둥거렸다고 했으므로
   알맞지 않습니다. '툴툴거렸다', '쌀쌀맞게 대했다.'
   등이 어울립니다.
   2 '슬금슬금'은 '남이 알아차리지 못하도록 눈치를
   살펴 가면서 슬며시 행동하는 모양.'이라는 뜻이
   므로 ①의 '슬금슬금 눈치만 보다가'는 맞는 표현
   입니다. ③에서는 개가 무서워서 개가 알아차리
   지 못하도록 뒷걸음질치며 피했다는 뜻으로 적절
   하게 쓰였습니다.

   ②에서는 미술 시간에 생각이 떠오르지 않아 그림을
   늦게 그리기 시작하는 상황이므로 '슬금슬금'이라는
   낱말은 어울리지 않습니다.

2 1 청소기만 보면 시끄러운 소리 때문에 청소기를
   돌리기 싫어하는 마음이 잘 드러나 있으므로 '슬
   금슬금 뒷걸음질하다.'라는 표현이 어울립니다.
   2 청소기를 썼는데도 먼지가 구석구석 빨아들여지
   지 않아 화가 나는 상황이므로 '다짜고짜 화를 낸
   다.'라는 표현이 적절합니다.

3 전화만 주면 빠르게 배송해 준다는 정보를 주면
  서 '싹쓸이 청소기'를 팔고자 하는 광고문이므로
  글을 쓴 의도를 생각해 볼 때 '매우 빠르다.'라는
  뜻의 '쏜살같이'가 어울립니다.

4 '물끄러미'는 '가만히 한 자리에서 한 곳만 바라보는
  모양'이라는 뜻이므로 힘겹게 사냥을 마치고 온 사자
  가 곤히 잠든 아기 사자를 조용히 바라본다는 적절
  한 표현입니다.

5 아주 어려운 환경에서도 용기를 잃지 않으며 최선을
  다해 살았다는 어머니의 설명으로 보아 꿈 전도사
  ○○○ 씨는 꿈을 추구하며, 즉 꿈을 좇아 살아왔다
  는 것을 알 수 있습니다.

1 '쏜살같이'는 '매우 빠르게.'라는 뜻이므로 '재빠르게'
  와 바꿔 쓸 수 있습니다.

2 ㉡에서 수현이는 허둥대며 얼굴이 붉어지더니 시아
  에게 사과를 하였으므로 진심 어린 미안한 마음이라
  고 생각할 수 있습니다.

1 띄어쓰기를 하는 상황이므로 '띄고'가 맞습니다.

2 미소를 지었다는 것은 얼굴에 감정이 나타나 있다는
  말이 되므로 '띤'이 맞습니다.

3 텃밭에 모종을 심을 때는 간격을 넓게 벌려 심으면 좋으므로 '공간적으로 거리를 멀어지게 하다.'라는 뜻의 '띄우다'가 적절합니다.

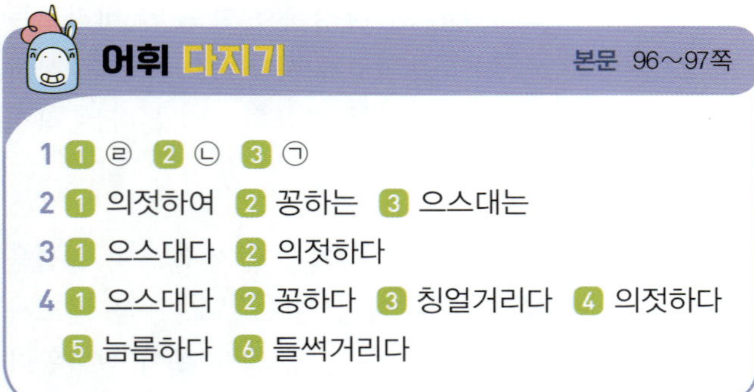

1 **1** '들썩거리다'는 '마음이 자꾸 들뜨고 흥분해서 움직이다. 또는 그렇게 하다.'라는 뜻입니다.
2 '의젓하다'는 '말이나 행동 등이 점잖고 무게가 있다.'라는 뜻입니다.
3 '꽁하다'는 '서운한 일을 마음속에 숨기고 속으로 섭섭하고 불만스럽게 여기다.'라는 뜻입니다.

2 **1** 빈칸 뒤에 친구들에게 점잖다는 소리를 듣는다는 말이 있으므로, '말이나 행동 등이 점잖고 무게가 있다.'라는 뜻의 '의젓하여'가 어울립니다.
2 빈칸 앞뒤에 친구가 서운하게 할 때는 남모르게 속앓이를 한다는 말이 있으므로, '꽁하는'이 어울립니다.
3 배려심이 깊어서 잘난 척하는 성격과는 거리가 멀다고 하였으므로, '보기에 좋지 않게 우쭐거리며 뽐내다.'라는 뜻의 '으스대는'이 어울립니다.

3 **1** 시험 점수를 자랑하며 뽐내는 아이는 '으스대다'라고 바꾸어 말할 수 있습니다.
2 점잖게 앉아서 집중하며 공부하는 아이의 모습은 '의젓하다'라고 바꾸어 말할 수 있습니다.

4 • 으스대다: 보기에 좋지 않게 우쭐거리며 뽐내다.
• 꽁하다: 서운한 일을 마음속에 숨기고 속으로 섭섭하고 불만스럽게 여기다.
• 칭얼거리다: 몸이 불편하거나 마음에 들지 않아 짜증을 내며 자꾸 중얼거리거나 보채다.

• 의젓하다: 말이나 행동 등이 점잖고 무게가 있다.
• 늠름하다: 생김새나 태도가 씩씩하고 당당하다.
• 들썩거리다: 마음이 자꾸 들뜨고 흥분해서 움직이다. 또는 그렇게 하다.

1 여우는 아기 사자의 생일 선물로 당근 케이크를, 토끼는 날쌘 운동화를, 고슴도치는 사자의 얼굴을 새긴 사과를 준비하였습니다. 하마는 이 글에 등장하지 않습니다.

2 아기 사자는 자기가 좋아하는 고슴도치만 자신의 생일 파티에 오지 않았다며 엄마 사자에게 칭얼거리고 꽁해 있었지만, 나중에 고슴도치가 찾아와 선물을 내밀자 함박웃음을 지었다고 하였습니다. 이것으로 보아 처음에는 서운하였지만 나중에 기쁜 마음으로 바뀌었다는 것을 짐작할 수 있습니다.

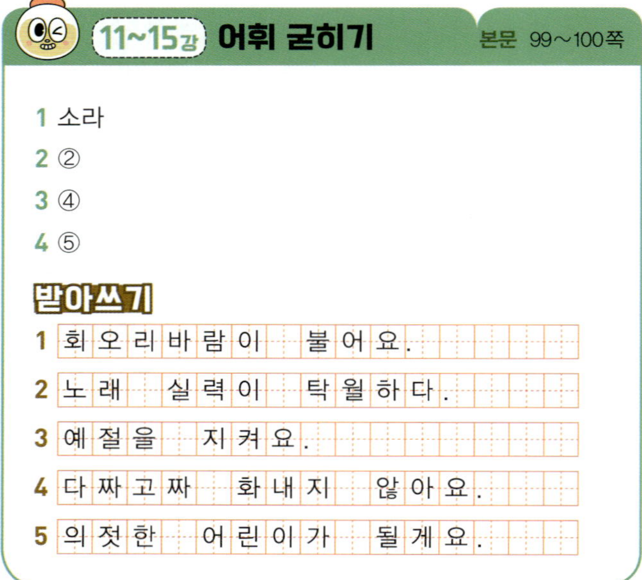

1 '소낙비'는 '갑자기 세게 내리다가 곧 그치는 비.'를 말합니다. 따라서 '소낙비는 금방 그치니까 잠시 여기서 몸을 피하자.'라는 소라의 말은 옳습니다.

- 진희: '회오리바람'은 '나선 모양으로 빙글빙글 돌면서 부는 바람.'으로 강도가 센 바람입니다. 따라서 파도가 잔잔할 것 같다는 말은 옳지 않습니다.
- 윤서: '응달'은 '햇빛이 잘 들지 않아 그늘진 곳.'을 뜻하므로, '응달은 햇볕 때문에 뜨거우니까'라는 말은 옳지 않습니다.
- 미래: '흉년'은 '농사가 잘되지 않아 다른 때보다 수확이 적은 해.'라는 뜻입니다. 따라서 비가 적절히 와서 농작물이 잘 자랄 것이니 흉년이라는 말은 옳지 않습니다.

2 '등급'은 '높고 낮음이나 좋고 나쁨의 정도를 여러 층으로 나누어 놓은 단계.'를 뜻합니다. 따라서 두 아이의 말에 공통으로 들어갈 말로 알맞습니다.

3 '낳다'는 '배 속의 아이, 새끼, 알을 몸 밖으로 내보내다.'라는 뜻이므로, 고양이가 새끼를 '낳았다'라고 표현해야 알맞습니다.

4 이 글에서 김치의 장점을 통해 김치에 담긴 조상들의 지혜를 엿볼 수 있고, 우리의 보물과도 같은 김치에 대해서 더 자세히 알아보고 싶다고 하였으므로 글의 제목으로 '우리의 보물, 김치'가 어울립니다.

16강 안전하게 생활해요

여러 가지 표지판을 알아보아요
본문 101쪽

1 ③	**2** ④	**3** ①
4 ⑤	**5** ②	**6** ⑥

1 어른과 아이가 손잡고 걸어 다니는 그림으로 보아, 걷는 사람들이 다니는 도로를 표시한 것이라고 짐작할 수 있습니다.

2 휠체어를 탄 그림, 지팡이를 가진 사람, 임신한 사람, 아이를 데리고 있는 사람의 그림으로 보아, 아프거나 나이 드신 분들이 앉는 자리를 표시한 것이라고 짐작할 수 있습니다.

3 사람을 태운 네모 모양의 상자가 위아래로 왔다 갔다 한다는 표시가 있는 것으로 보아, 승강기를 뜻하는 그림이라고 짐작할 수 있습니다.

4 사람이 문으로 뛰쳐나가는 그림으로 보아, 비상구 표시라고 짐작할 수 있습니다.

5 선풍기 날개와 같은 모양이 돌아가는 그림으로 보아, 바람을 일으켜 실내의 공기를 환기하라는 그림이라고 짐작할 수 있습니다.

6 공원의 벤치, 엘리베이터, 회전문 등의 공통점을 생각해 보면, 여러 사람이 편리하게 쓸 수 있도록 만든 건물이나 도구, 기계, 장치 등의 물건이라고 짐작할 수 있습니다.

어휘 더하기
본문 103쪽

1 싸요
2 싸서
3 쌓아

1 등교를 위해 준비물을 가방에 꾸리는 상황이므로, '어떤 물건을 다른 곳으로 옮기기 위하여 상자, 끈, 천 등을 싸서 꾸리다.'라는 뜻의 '싸다'가 알맞습니다.

2 선물을 포장지에 둘러 씌우는 상황이므로 '싸다'가 알맞습니다.

3 여러 개의 물건을 겹겹이 포개어 놓은 상황이므로 '쌓다'가 알맞습니다.

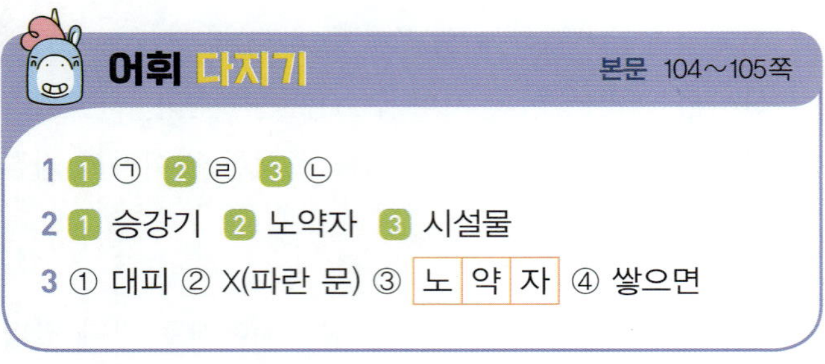

본문 104~105쪽

1 ❶ ㉠ ❷ ㉢ ❸ ㉡
2 ❶ 승강기 ❷ 노약자 ❸ 시설물
3 ① 대피 ② X(파란 문) ③ 노 약 자 ④ 쌓으면

1 ❶ '대피하다'는 '위험을 피해 잠깐 안전한 곳으로 가다.'라는 뜻입니다.
❷ '노약자'는 '늙거나 약한 사람.'이라는 뜻입니다.
❸ '승강기'는 '기계를 움직이는 힘을 이용하여 사람이나 짐을 위아래로 나르는 장치.'를 뜻합니다.

2 ❶ 빈칸 뒤에 정작 승강기를 타야 하는 사람들이 제때 타지 못해 불편해하는 일이 늘어나고 있다고 하였으므로, 빈칸에 들어갈 말은 승강기가 알맞습니다.
❷ 빈칸 앞에 '보행이 불편한'이라는 말이 있으므로, 빈칸에 들어갈 말은 '노약자'가 알맞습니다.
❸ 빈칸 앞에 '벤치, 계단 등'이라는 말이 있으므로 '어떤 목적을 위하여 만들어 놓은 건물이나 도구, 기계, 장치 등의 물건.'이라는 뜻의 '시설물'이 알맞습니다.

3 ① 지진이 나면 머리를 보호하기 위해 머리를 감싸고 책상이나 의자 밑으로 들어가야 하고, 문이 뒤틀어져 건물 안에 갇힐 수 있기 때문에 문을 열어서 나가는 길을 확보하는 것이 중요합니다. 이것을 우리는 지진을 피해 안전한 곳으로 가는 방법, 즉 지진 대피 방법이라고 합니다.
② 불이 났을 때 승강기를 타면 위험합니다. 승강기의 통로가 연기의 이동 통로가 될 수 있기 때문입니다. 따라서 승강기를 타고 있을 때 불이 나면 얼른 가까운 층에서 내려 계단을 이용하는 게 좋습니다.
③ 늙거나 몸이 약한 사람을 '노약자'라 하고 지하철이나 버스와 같은 대중교통 시설에는 노약자들의 권리를 위해 자리를 따로 마련하고 있습니다.
④ 비상구는 위험한 일이 생겼을 때 대피해야 하는 출입구이므로, 그 앞에 물건을 포개어 놓으면 나가는 데 방해가 됩니다. 따라서 '여러 개의 물건을 겹겹이 포개다.'라는 뜻의 '쌓다'가 적절합니다.

본문 106쪽

1 ②

1 미세 먼지가 많은 날에 창문을 열면 건강에 해로운 물질이 실내로 들어와 좋지 않습니다.

오답 풀이
① 차도는 차가 다니는 도로이므로 사람이 걸어 다녀서는 안 됩니다.
③ 불이 나면 승강기 통로가 뜨거운 연기의 통로가 될 수 있으므로 위험합니다. 가까운 층에서 내려 계단을 이용합니다.
④ 영화관이나 백화점에서 비상구의 위치를 알아 두면 불이 나거나 지진이 났을 때 재빨리 대피할 수 있습니다.
⑤ 아파트의 비상구 주변은 위험한 상황이 생겼을 때 사람들이 출입구로 이용할 수 있도록 주변에 물건을 두지 않습니다.

본문 109쪽

1 담그다　　2 담갔어　　3 담그다

• '담구다'는 '담그다'의 사투리로서 '담그다'가 바른 표현입니다. '담그다'는 문장에서 '담가, 담그니, 담그고, 담갔다' 등으로 바꿔 씁니다.

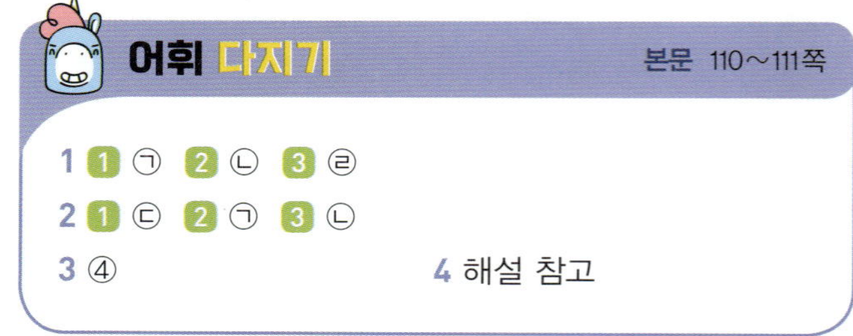

본문 110~111쪽

1 ❶ ㉠ ❷ ㉡ ❸ ㉢
2 ❶ ㉢ ❷ ㉠ ❸ ㉡
3 ④　　　　　　　　4 해설 참고

1 **1** '뿜다'는 '속에 있는 것을 밖으로 세게 밀어내다.'라는 뜻입니다.

2 '송알송알'은 '크기가 작은 땀방울이나 물방울, 열매 등이 많이 맺힌 모양.'을 뜻합니다.

3 '틔우다'는 '싹이나 움 등을 트게 하다.'라는 뜻입니다.

ⓒ의 '작은 물건이 매달려 가볍게 자꾸 흔들리는 모양.'은 '대롱대롱'의 뜻입니다.

2 **1** 이슬은 액체이므로 '액체가 작은 방울을 지어 매달리다.'라는 뜻의 '맺혔습니다'가 알맞습니다.

2 팻말을 넘어지지 않도록 어딘가에 세우려 할 때는 '일정한 곳에 끼워 넣거나 세우다.'라는 뜻의 '꽂았습니다'가 알맞습니다.

3 '싹이나 움 등을 트게 하다.'라는 뜻의 '틔웠습니다'가 알맞습니다.

3 ①, ②, ③, ⑤의 '맺히다'는 이슬, 땀방울, 눈물, 물방울 등 '액체가 작은 방울을 지어 매달리다.'라는 뜻으로 쓰였습니다.

④의 '맺히다'는 '열매나 꽃망울이 생기다.'라는 뜻으로, 나머지 네 개와 다른 뜻을 가지고 있습니다.

4 • 노란색: 고래가 물을 몸 밖으로 내보내는 '뿜는'이 알맞습니다.

• 연두색: 땀방울이 맺혀 있는 모양을 나타내는 말인 '송알송알'이 알맞습니다.

• 초록색: 새끼 원숭이가 나무에 매달려 있는 모습인 '작은 물건이 매달려 가볍게 자꾸 흔들리는 모양.'이라는 뜻의 '대롱대롱'이 알맞습니다.

• 하늘색: 봄비가 내리면 싹이 자라나게 되니 '틔울'이 알맞습니다.

• 갈색: 매실청은 매실을 설탕에 재워 발효시키는 음식이므로 '김치, 술, 장, 젓갈 등의 음식이 익거나 발효되도록 재료를 뒤섞어 그릇에 넣어 두다.'라는 뜻의 '담그다'를 바꿔 표현한 '담가서'가 알맞습니다.

어휘 활용하기   본문 112쪽

1 ⑤

2 대롱대롱

1 **1**에서 강낭콩 씨앗의 싹을 쉽게 틔우려고 씨앗을 물에 담가 불린다고 하였습니다.

2 **5**에서 한 달 뒤 강낭콩 꼬투리가 줄기에 '대롱대롱' 매달려 있다고 하였습니다.

18강 글씨를 바르게 쓰는 방법을 익혀요

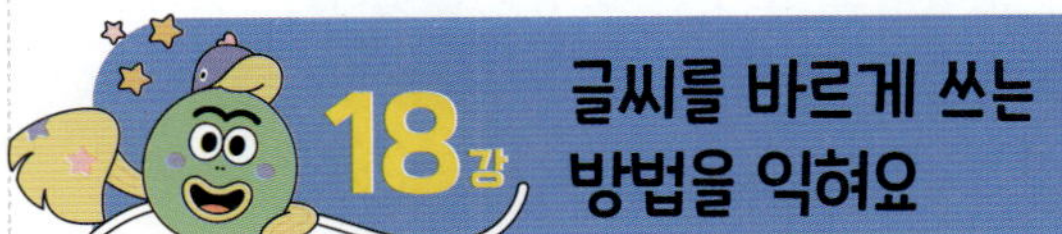

그림으로 생각해 봐요   본문 113쪽

4 ○

• 글씨를 쓸 때는 의자를 책상 앞으로 당겨 허리를 펴고 앉아 바른 자세로 씁니다.

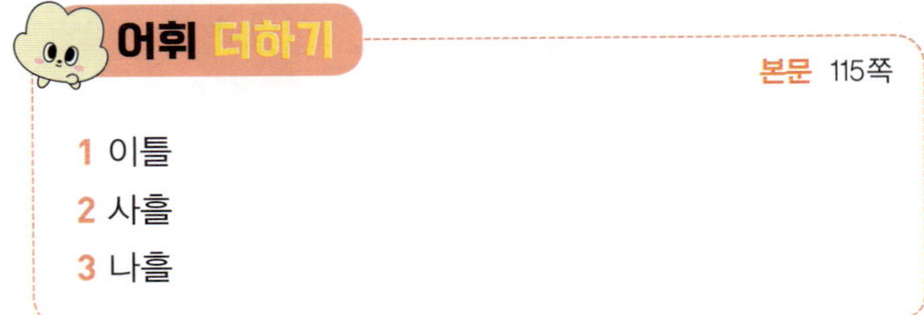

어휘 더하기   본문 115쪽

1 이틀

2 사흘

3 나흘

• 2일의 순우리말 표현은 '이틀'이고, 3일은 '사흘', 4일은 '나흘'입니다.

1 **1** ㉢ **2** ㉠ **3** ㉡
2 **2**, **3**
3 **1** 6, 7, 8 **2** 15, 16, 17, 18
4

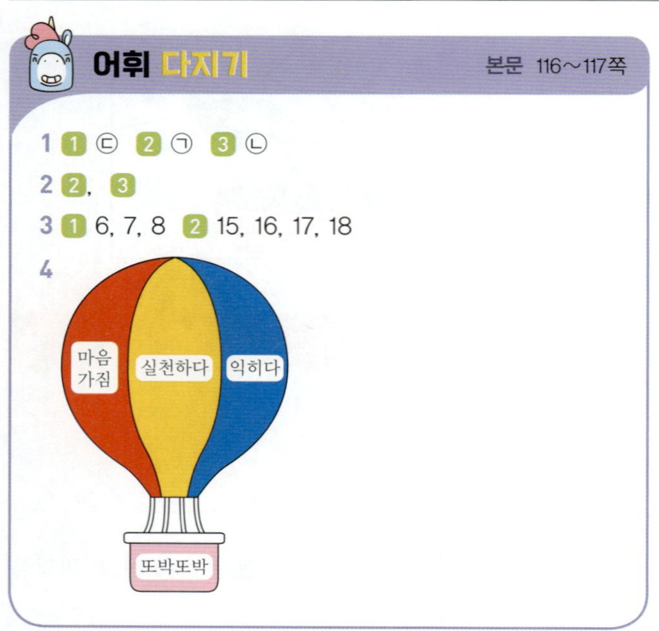

1 '자세'는 '몸을 움직이거나 가누는 태도.'를, '꾸준하다'는 '거의 변함이 없이 한결같다.'를, '실천하다'는 '생각한 것을 실제 행동으로 옮기다.'를 뜻합니다.

2 **2**에서 용기를 내어 떨지 않고 말했으므로 '말이나 글씨 등이 분명하고 또렷한 모양.'을 뜻하는 '또박또박'이 어울립니다. **3**에서 새로 이사한 동네를 자주 경험하여 낯설지 않게 하였으므로 '익혔어(익히다)'가 어울립니다.

오답 풀이

1에서 '마음가짐'은 '어떤 일에 대해 마음을 쓰는 자세나 태도.'를 뜻하므로 큰 소리에 놀라 똑바로 서 멈춰 버렸다는 내용과는 어울리지 않습니다. **4**에서 '실천하다'는 '생각한 것을 실제 행동으로 옮기다.'를 뜻하므로 부상으로 경기에 참여하지 못하게 된 상황과는 어울리지 않습니다.

3 **1** 사흘은 3일을 뜻하므로 6, 7, 8일입니다.
2 나흘은 4일을 뜻하므로 15, 16, 17, 18일입니다.

4 빨간색은 '마음가짐', 파란색은 '익히다', 노란색은 '실천하다', 분홍색은 '또박또박'입니다.

1 ④
2 ④

1 이 글은 글씨를 바르게 쓰려면 어떻게 해야 하는지를 설명하는 글입니다.

2 글쓴이는 글의 마지막 부분에서 '바른 글씨를 쓰기 위해 가장 중요한 것은 포기하지 않고 꾸준히 연습하는 것'이라고 이야기하고 있습니다.

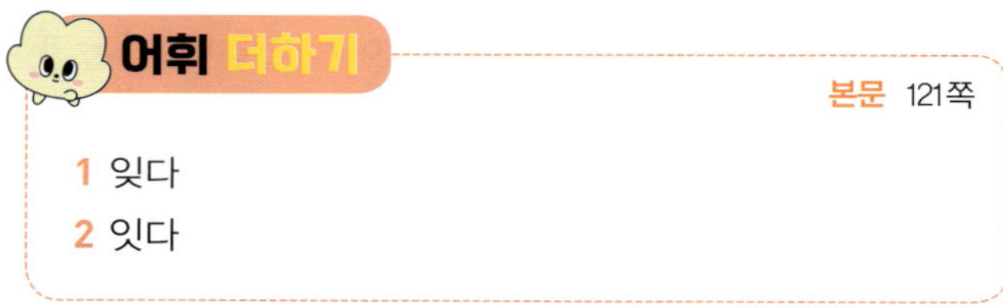

1 잊다
2 잇다

• 중요한 약속을 생각해 내지 못한 것이므로 '잊다'가, 사람이 줄을 이루어 선 것이므로 '잇다'가 어울립니다.

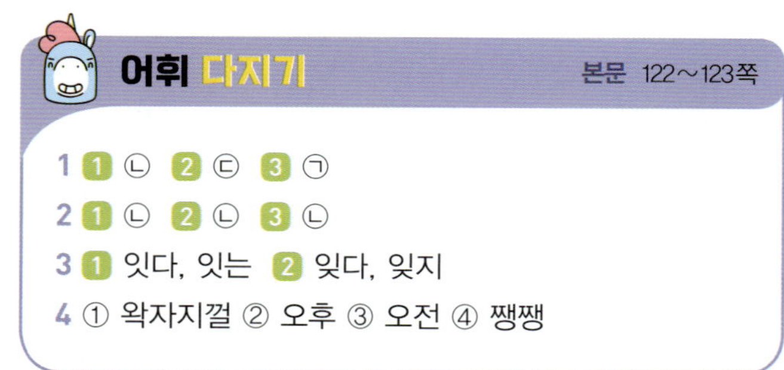

1 **1** ㉡ **2** ㉢ **3** ㉠
2 **1** ㉡ **2** ㉡ **3** ㉡
3 **1** 잇다, 잇는 **2** 잊다, 잊지
4 ① 왁자지껄 ② 오후 ③ 오전 ④ 쨍쨍

1 '표정'은 '마음속에 품은 감정이나 생각 등이 얼굴에 드러난 모습.'을, '체험 학습'은 '교실 밖에서 체험을 중심으로 이루어지는 학습.'을, '오전'은 '밤 열두 시부터 낮 열두 시까지의 동안.'을 뜻합니다.

2 **1** '오후'는 '낮 열두 시부터 밤 열두 시까지의 동안.'을 뜻하므로 창밖에 달이 떠 있는 ⓛ의 그림이 어울립니다.

2 '왁자지껄'은 '여럿이 한데 모여 시끄럽게 떠드는 소리나 모양.'을 뜻하므로 아이들이 모여 앉아 떠드는 모습인 ⓛ의 그림이 어울립니다.

3 '쨍쨍'은 '햇볕이 몹시 내리쬐는 모양.'을 뜻하므로 해가 떠 있는 ⓛ의 그림이 어울립니다.

3 **1** 다리가 마을과 마을을 맞대어 붙여 주었으므로 '잇는'이 어울립니다.

2 일기를 쓰면 그날 있었던 일을 기억할 수 있으므로 '잊지'가 어울립니다.

4 ①은 '왁자지껄', ②는 '오후', ③은 '오전', ④는 '쨍쨍'입니다.

어휘 활용하기   본문 124쪽

1 식물원   **2** ③

1 지수는 일기에서 '버스를 타고 30분 정도를 달려 식물원에 도착한 우리는'이라고 했으므로 체험 학습을 간 장소는 '식물원'입니다.

2 일기에서 날씨는 '햇볕이 쨍쨍'이라고 했으므로 날씨가 매우 흐렸다는 설명은 옳지 않습니다.

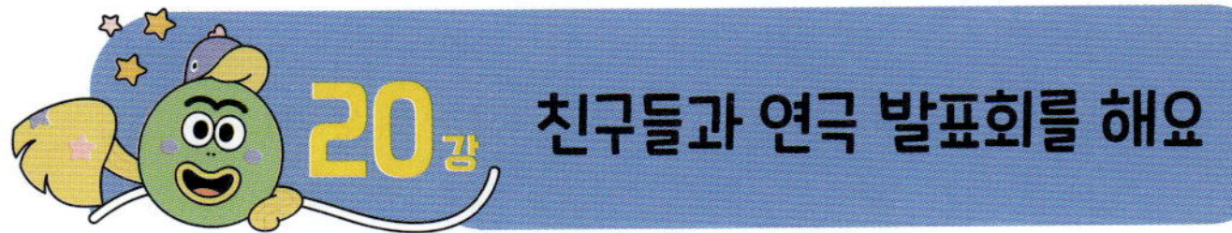

그림으로 생각해 봐요   본문 125쪽

1 흥부, 놀부, 제비

• 그림 중에서 「흥부와 놀부」 이야기에 나오는 인물은 '흥부, 놀부, 제비'입니다.

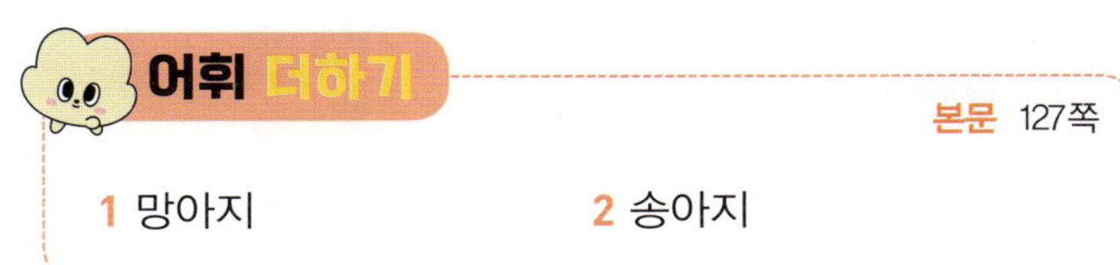

어휘 더하기   본문 127쪽

1 망아지   **2** 송아지

• 말의 새끼는 '망아지', 소의 새끼는 '송아지'라고 부릅니다. '꺼병이'는 꿩의 새끼, '고도리'는 고등어의 새끼를 말합니다.

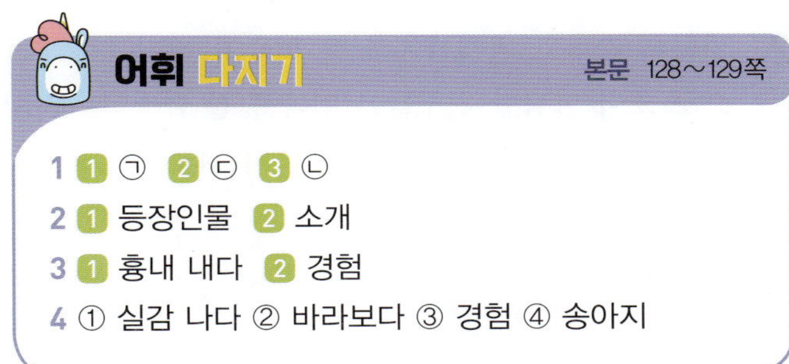

어휘 다지기   본문 128~129쪽

1 **1** ㉠ **2** ㉢ **3** ㉡
2 **1** 등장인물 **2** 소개
3 **1** 흉내 내다 **2** 경험
4 ① 실감 나다 ② 바라보다 ③ 경험 ④ 송아지

1 '바라보다'는 '(어떤 대상을) 바로 향해 보다.'를, '흉내 내다'는 '다른 사람 또는 동물의 말, 소리, 행동 등을 그대로 옮기다.'를, '경험'은 '자신이 실제로 해 보거나 겪어 봄.'을 뜻합니다.

2 **1** 빈칸에 공통으로 들어갈 낱말은 '소설, 연극, 영화 등에 나오는 인물.'을 뜻하는 '등장인물'입니다.

2 빈칸에 공통으로 들어갈 낱말은 '서로 모르는 사람들 사이에서 양쪽이 알고 지내도록 관계를 맺어 줌.' 또는 '모르는 사실이나 내용을 잘 알도록 해 주는 설명.'을 뜻하는 '소개'입니다.

3 **1** 코미디언의 행동을 시늉했다는 말은 코미디언의 행동을 그대로 옮기었다는 뜻이므로 '흉내 내다'와 바꿔 쓸 수 있습니다.

2 다른 나라 사람들의 생활을 체험해 본다는 말은 그 나라 사람들의 생활을 실제로 해 보거나 겪어 본다는 뜻이므로 '경험'과 바꿔 쓸 수 있습니다.

4 ① '실감 나다'는 '실제로 겪고 있다는 느낌이 들다.'를 뜻합니다.

② '(어떤 대상을) 바로 향해 보다.'라는 뜻을 가진 낱말은 '바라보다'입니다.

③ '자신이 실제로 해 보거나 겪어 봄.'이라는 뜻을 가진 낱말은 '경험'입니다.

④ '어린 소'를 부르는 말은 '송아지'입니다.

1 토끼의 지혜
2 ⑤

1 사회자는 "그럼 지금부터 「토끼의 지혜」 연극을 시작하겠습니다."라고 말했습니다.

2 연극이 끝나고 관객석에서 큰 박수가 터져 나온 것으로 보아 달님반 친구들은 연극을 잘 끝냈고, 뿌듯한 마음이 들어서 서로를 바라보며 싱긋 웃었을 것입니다.

16~20강 어휘 굳히기　　　본문 131~132쪽

1 해설 참고
2 ⑤
3 민우
4 **1** 담그신　**2** 싸　**3** 잊지
5 ⑤

받아쓰기

1 노약자에게 자리를 양보해요.
2 철봉에 대롱대롱 매달렸다.
3 올바른 마음가짐이 중요해요.
4 과학관에 체험 학습을 갔다.
5 우리 가족을 소개할게요.

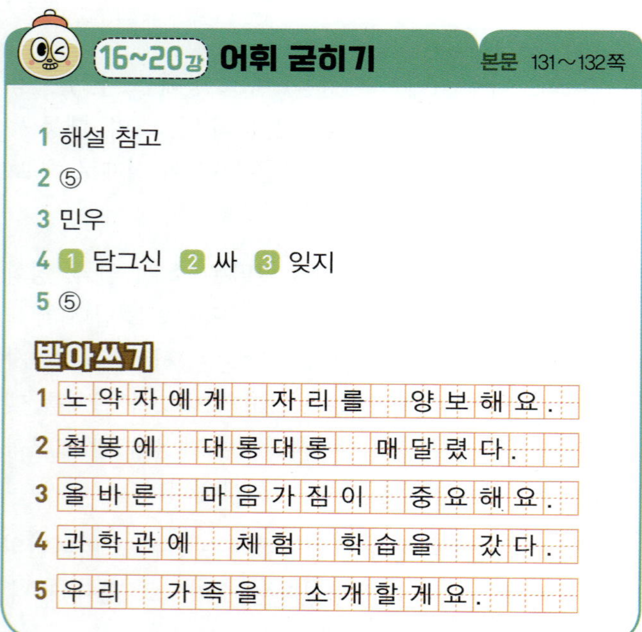

2 ㉠에 가장 어울리는 말은 '크기가 작은 땀방울이나 물방울, 열매 등이 많이 맺힌 모양.'을 뜻하는 '송알송알'입니다.

① '쨍쨍'은 '햇볕이 몹시 내리쬐는 모양.'을 뜻합니다.
② '대롱대롱'은 '작은 물건이 매달려 가볍게 자꾸 흔들리는 모양.'을 뜻합니다.
③ '와자지껄'은 '여럿이 한데 모여 시끄럽게 떠드는 소리나 모양.'을 뜻합니다.
④ '또박또박'은 '말이나 글씨 등이 분명하고 또렷한 모양.' 또는 '규칙이나 차례 등을 한 번도 어기지 않고 지키는 모양.'을 뜻합니다.

3 '바라보다'는 '(어떤 대상을) 바로 향해 보다.'를 뜻합니다. 사진을 찍을 때는 카메라를 바로 향해 보면 좋다는 뜻이므로 낱말을 바르게 사용한 친구는 '민우'입니다.

• 동주: '환기'는 '더럽고 탁한 공기를 맑은 공기로 바꿈.'을 뜻하므로, 숨을 쉬기 어려웠다는 내용과 어울리지 않습니다.
• 윤정: 감기약을 먹으려면 물을 마셔야 합니다. '뿜다'는 '속에 있는 것을 밖으로 세게 밀어 내다.'를 뜻하므로 어울리지 않습니다.

4 **1** '담그다'는 '액체 속에 넣다.' 또는 '김치, 술, 장, 젓갈 등의 음식이 익거나 발효되도록 재료를 뒤섞어 그릇에 넣어 두다.'를 뜻합니다. '담구다'는 '담그다'의 사투리입니다.
2 김치를 천 등으로 둘러 씌웠다는 뜻이므로 '싸다'가 어울립니다. '쌓다'는 '여러 개의 물건을 겹겹이 포개다.'를 뜻합니다.
3 '잊다'는 '한번 알았던 것이나 기억해야 할 것을 생각해 내지 못하다.'를 뜻하므로 어울립니다. '잇다'는 '실, 끈, 조각 등의 두 끝을 맞대어 붙이거나, 많은 사람이나 물체가 줄을 이루어 서다.'를 뜻합니다.

5 영화가 시작되기 전, 화재가 발생했을 때 대피하는 방법에 대한 영상이 나왔습니다.